本著作获得
中南民族大学中央高校基本科研业务费专项资金项目（CSQ13015）资助

The Project was Supported by the Special
Fund for Basic Scientific Research of Central Colleges,
South–Central University for Nationalities

基于顾客价值的在线旅游企业差异化战略研究

Jiyu Guke Jiazhi De Zaixian Lüyou Qiye Chayihua Zhanlue Yanjiu

李东娟 著

中国社会科学出版社

图书在版编目（CIP）数据

基于顾客价值的在线旅游企业差异化战略研究/李东娟著.
—北京：中国社会科学出版社，2015.4
ISBN 978 – 7 – 5161 – 5999 – 6

Ⅰ.①基…　Ⅱ.①李…　Ⅲ.①旅游企业—企业管理—
研究—中国　Ⅳ.①F592.6

中国版本图书馆 CIP 数据核字（2015）第 081342 号

出 版 人	赵剑英
责任编辑	卢小生
特约编辑	林　木
责任校对	周晓东
责任印制	王　超
出　　版	中国社会科学出版社
社　　址	北京鼓楼西大街甲 158 号
邮　　编	100720
网　　址	http：//www.csspw.cn
发 行 部	010 – 84083635
门 市 部	010 – 84029450
经　　销	新华书店及其他书店
印　　刷	北京市大兴区新魏印刷厂
装　　订	廊坊市广阳区广增装订厂
版　　次	2015 年 4 月第 1 版
印　　次	2015 年 4 月第 1 次印刷
开　　本	710×1000　1/16
印　　张	10.5
插　　页	2
字　　数	176 千字
定　　价	35.00 元

凡购买中国社会科学出版社图书，如有质量问题请与本社发行部联系调换
电话：010 – 84083683

摘　　要

随着旅游业的发展、信息技术的进步以及互联网的普及，在线旅游业得到迅猛发展，在线预订旅游产品日益成为我国消费者重要的消费方式。虽然我国在线旅游保持较高的发展速度，但其在旅游业中的渗透率并不高，发展空间巨大；同时，随着智能手机的进一步普及，在线旅游将逐渐由互联网转向移动互联网，这将为在线旅游行业提供更大的发展空间。与此同时，我国在线旅游行业正陷入产品同质化、相互模仿、价格战等恶性竞争境地，不良的竞争模式既不能满足顾客的真正需求，也无法实现企业的价值。经济及社会的发展，使得顾客的角色发生了根本的转换，顾客不再是被动的消费者，他们对于产品和服务的要求更加多变、苛刻和个性化，顾客从价格敏感逐渐转变为价值敏感，差异化的产品或服务比单纯的低价更能体现顾客价值。面对前所未有的竞争压力，企业只能通过创新和差异化经营来吸引新顾客、留住老顾客并赢得持续竞争优势。在此背景下，在线旅游企业应该转换经营思路，走出"价格战"的低端竞争困局，用差异化经营为顾客提供更大的价值，并实现和提升企业自身的价值。本书的目的是揭示并论证在线旅游企业差异化与其经营绩效的内在联系，并提出在线旅游企业实施差异化战略的策略建议，以期指导在线旅游企业的战略实践。

本书在总结和梳理前人研究成果的基础上，首先分析了在线旅游企业差异化的性质和优势。同时，提出了顾客价值的内涵及其主要内容，并对在线旅游企业顾客价值进行了具体分析，提出了在线旅游企业顾客价值包含产品价值、成本价值、服务价值和情感价值四个方面的观点。在此基础上，从理论上分析了差异化与在线旅游企业经营绩效的内在联系，构建了顾客价值导向的差异化与在线旅游企业经营绩效关系的理论模型。通过借鉴现有的量表，结合在线旅游企业的实际情况，并运用深度访谈法，经过访谈小组反复讨论、修订和补充等严格的过程，形成了本书最终的测量量表。本书采用 3 种数据收集方式，选取北京、上海、南京等 7 个调研地域，共回收有效问卷 320 份。然后运用统计分析软件，遵循科学的研究程序，对收集的数据进行实证分析，通过建立结构方程模型，检验了顾客价值导向的差异化对在线旅游企业经营绩效的影响路径。

在理论分析和实证研究基础上，本书得出以下结论：

（1）差异化的优势来源于差异化对顾客价值的创造和企业对差异化成本的控制。差异化的收益产生于差异化创造的顾客价值，进而由顾客创造企业绩效；差异化的优势还体现在企业对差异化成本的控制，虽然，差异化可能会导致成本的增加，而在现代社会，随着信息技术的应用，差异化也并非意味着成本的必然增加，通过一些新型技术，企业完全可以在差异化的同时实现低成本。因此，差异化优势来源于差异化的收益大于差异化的成本。

（2）差异化从产品价值、成本价值、服务价值和情感价值四个方面对顾客价值施加影响。本书结合前人研究成果，提出了差异化对顾客价值影响的四个维度：产品价值、成本价值、服务价值和情感价值。本书认为，差异化对顾客价值的影响，首先，体现在产品的功能、质量等产品要素对顾客产生的独特价值体验；其次，表现在顾客能够以比较合适的价格购买到超值的产品或服务，顾客感知成本支出与利益获得之间的比例降低，即为成本价值；再次，差异化注重为顾客提供全方位服务，以服务增强价值体验，因此差异化会影响顾客感知服务价值；最后，差异化对品牌、企业形象等方面具有提升作用，同时差异化更加注重培养与顾客的情感联系，因此，差异化会增加顾客感知的情感价值。

（3）差异化对顾客价值具有正向影响作用。本书用产品价值、成本价值、服务价值和情感价值四个维度来度量顾客价值。实证研究结果表明，差异化对顾客价值的四个维度均有正向影响作用，且都达到显著水平，但影响程度不同。影响程度从高到低依次是：产品价值、服务价值、情感价值、成本价值。这意味着，首先，产品满足独特价值需求的能力是顾客最看重的；其次，与提供产品相对应的服务，良好的服务对增强顾客满意具有重要作用；再次，企业品牌、企业形象、顾客关系管理、鼓励顾客参与等方面的差异化，能够激发顾客对企业价值的认同，从而对企业产生独特的情感依赖和品牌忠诚；最后是差异化对顾客感知成本价值的影响充分说明，差异化并非意味着成本的必然增加，合理地控制差异化的成本，同样可以为顾客创造物超所值的价值体验。

（4）顾客价值对企业经营绩效具有正向影响作用。实证研究结果表明，以产品价值、成本价值、服务价值和情感价值度量的顾客价值对用销售增长率、利润增长率和市场占有率三个指标度量的企业经营绩效具有正向影响作用，且达到显著水平。研究结果说明，能够满足顾客需求的产品功能、质量等方面是促进顾客产生购买行为的主要因素；而当顾客对于企业的理念与形象产生价值认同时，顾客对于企业及其提供的产品具有较强的品牌依赖感，最终将获得的情感价值转化为企业价值；服务具有较强的价值增长作用，会增强顾客满意、产生顾客忠诚，然后由获得了价值增值的顾客为企业创造经营绩效；当顾客感觉购买到的产品价格合理、具有较高性价比的时候，顾客就获得了成本价值，追求高性价比的购物经历是消费者的共性，会促进顾客不断为企业创造价值。

（5）顾客价值在差异化战略与企业经营绩效之间起中介作用。实证结果表明，产品价值、成本价值、服务价值及情感价值在差异化战略与企业经营绩效之间均起到部分中介作用。这说明，企业差异化必须以顾客价值为导向，不能体现顾客价值的差异化不会对企业创造价值。而顾客价值具有多维性，企业差异化战略创造企业经营绩效的能力，来源于差异化创造顾客价值各维度的能力。

在实证研究结论基础上，本书从在线旅游企业实施差异化战略的路径以及差异化的成本控制两个方面提出在线旅游企业差异化战略的构建策略。具体来说，本书从产品差异化、服务差异化和情感要素差异化三个方面提出了在线旅游企业差异化的战略路径。从利用信息技术化解管理成本，创新商业模式缩减企业成本，构建战略联盟降低竞争成本，应用新型营销手段降低营销成本四个方面提出了在线旅游企业差异化的成本控制策略。

本书的创新之处主要表现在以下四个方面：

（1）构建了基于顾客价值的差异化对在线旅游企业经营绩效的影响机理模型并进行了实证检验。本书在深度分析差异化优势形成机理、顾客价值及差异化对顾客价值影响基础上，构建了"差异化战略—顾客价值—企业经营绩效"的理论模型，并以在线旅游企业为研究对象，对构建的理论模型进行了实证检验。在研究内容上，丰富了竞争战略和顾客价值的理论框架；在研究对象上，选择新生代的在线旅游企业作为研究对象，突破了传统，具有一定的实践创新性。

（2）拓展了顾客价值结构维度。本书在以往学者对顾客价值研究基础上，将顾客价值划分为产品价值、成本价值、服务价值和情感价值四个维度，并改变了以往的研究将成本设置为顾客价值的反向影响关系的做法，将成本"价值化"。

（3）编制了研究测量量表。在借鉴国内外关于差异化战略、顾客价值、企业经营绩效研究成果基础上，结合在线旅游企业的实际情况，并利用深度访谈法，开发了本书的测量量表，并对量表进行了信度和效度检验。新的量表的开发在一定意义上推进了企业竞争战略和顾客价值的相关研究，对研究在线旅游企业的战略实践具有一定的现实意义。

（4）提出了顾客价值导向的在线旅游企业差异化战略的构建策略。本书结合实证研究结果，从在线旅游企业实施差异化战略的路径以及差异化的成本控制两个方面提出在线旅游企业差异化战略的构建策略。这些策略建议对于指导在线旅游企业实施基于顾客价值导向的差异化战略具有现实意义。

关键词：顾客价值　在线旅游企业　差异化战略

Abstract

With the popularization of tourism development, the progress of information technology and the Internet, online travel industry has been developed rapidly, online tourism products in China is increasingly becoming an important consumption patterns of consumers. Although online tourism in China has maintained a high growth rate, but the penetration of online tourism in tourism industry is not high, it has a huge space for future development; at the same time, along with the further popularization of intelligent mobile phone, online tourism will gradually turn from the Internet to the mobile Internet, which will provide greater space for development of online travel industry. However, at the same time, the online travel industry in our country is in the homogenization of products, mutual imitation, vicious price war competition situation, bad competition mode can not meet the real needs of customers, and it can not realize the value of the enterprise too. As the development of economy and society, the customer's role has changed fundamentally, customers are no longer the passive role of consumers, their need for products and services are more changeable, harsh and personalized, and they are from price sensitive gradually to a value sensitive, so differentiated products or services can reflect customer value more than just low price. Facing the unprecedented pressure of competition, only through innovation and differentiation, the enterprise can attract new customers and retain old customers and win the competitive advantage finally. In this context, the online travel enterprises should change management ideas, be out of the "price war" low – end competition dilemma, provide more value for customers and enterprise itself with differential operation. The purpose of this study is to reveal and demonstrate the interrelationship of the online travel enterprise differentiation strategy and its performance, and to propose implementation tactics of differentiation strategy of online tourism enterprises, it will be in order to guide strategic practice of online tourism enterprises.

Based on summarizing and analyzing on the results of previous studies, this paper first analyzes the properties and advantages of online tourism enterprises differentiation. At the same time, it puts forward the concept of customer value and its main content, and analyzes the customer value of online travel enterprise in detail, this paper puts forward that the customer value of online travel enterprise includes four aspects, which are product value, cost value, service value and feeling value. On this basis, the paper analyzes the relationship of differentiation and performance of online tourism enterprises from theory, constructs the theoretical model for the relationship between the customer value oriented differentiation strategy and its performance of online travel company. Based on the existing scale, combined with the actual situation of online tourism enterprises, and using the way of depth interview, through strict process of the interview team discussion, amendments and additions repeatedly, this paper forms the final research measure table. This study uses 3 data collection methods, chooses Beijing, Shanghai, Nanjing and other 7 research areas, and it collects a total of 320 valid questionnaires. Then through using SPSS 17 and AMOS 17 statistical analysis software, and following the scientific research process, this paper makes an empirical analysis and through the establishment of structural equation model, it analyzes the path of impact of customer value oriented differentiation strategy and its performance of online tourism enterprises.

Based on theoretical analysis and empirical research, this study draws the following conclusions:

(1) The advantage of differentiation strategy comes from the customer value created by differentiation and low cost controlled by enterprise itself. The revenue of differentiation strategy is generated from the customer value created by differentiation, and then the customers create business performance; the advantage of differentiation strategy is also reflected the cost control of the enterprise, although differentiation strategy may lead to increased costs, but in the modern society, with the application of information technology, the differentiation strategy does not mean that the cost will increase inevitably, enterprises can also re-

alize low cost when carrying out differentiation strategy through a number of new technologies. So, the advantage of differentiation strategy comes from that the revenue created by differentiation strategy exceeds the difference of cost.

(2) The differentiation strategy has influence on customer value from four aspects, which are product value, cost value, service value and feeling value. Connected with the research findings by predecessors, this paper puts forward four dimensions of impact of differentiation strategy on customer value: the products value, cost value, service value and feeling value. The view of this article is that the product elements including product function and quality is the first effect which is effected by the differentiation strategy; secondly, the customer value is in the super value product or service which purchased by customer with appropriate price, and so the comparison between customer perceived cost and benefits is to reduce, which is the customer cost value; thirdly, the differentiation strategy emphasizes to provide customers with a full range of services, it enhances customer value experience with good services, so the differentiation strategy can influence customer perceived service value; finally, differentiation strategy is important for the brand and corporate image promotion, and meanwhile the differentiation strategy pays attention to the cultivation of the relationship with customers and corporate, therefore, differentiation strategy can increase customer perceived feeling value.

(3) The differentiation strategy has a positive effect on customer value. This paper measures customer value with four dimensions, which are product value, cost value, service value and feeling value. The empirical results show that, the differentiation strategy has positive influence on the four customer value dimensions, and the extent of influence all reaches the significant level, but the degree is different. The influence degree from high to low is product value, service value, feeling value and cost value. This means that the ability the product itself to meet the unique needs of customer is most important; and secondly, it is the corresponding service, good service has important role on customer satisfaction; thirdly, it is the difference of brand, corporate image, customer relationship management, which can stimulate customer identification to the value of the enterprise, so make the customer create an unique emotional

dependence and brand loyalty to enterprise; last, differentiation strategy doing effect on customer perceived cost value shows that differentiation strategy does not mean that the cost will increase inevitably, with reasonable control of the cost, it can also create super value for customer.

(4) Customer value has a positive effect on business performance. The empirical results show that, the customer value measured with product value, cost value, service value and feeling value has a positive effect on business performance which is scaled with sales growth, profit growth and market share, and the degree reaches significant level. Research results show that: the product function and quality which meet the customer needs is the main factor to promote customer purchase behavior; when customer has value identity with the idea and image of enterprise, the customer will produce a strong brand dependence for enterprise and their products, and the customer will eventually get the feeling value into the value of enterprise; service has strong action of value increase, it will enhance customer satisfaction, customer loyalty, and then the customer who get value increase will create performance to business; when customer buys products at reasonable prices, and it is high cost – effective, and then the customer can get cost value, the pursuit of cost – effective shopping experience for consumers is common, which will promote the customers continue to create value for the enterprise.

(5) Customer value plays a mediating role between the differentiation strategy and business performance. The empirical results show that, product value, cost value, service value and feeling value plays a partial mediating role between the differentiation strategy and business performance. It shows that the differentiation strategy must be oriented by the customer value, it will not create value to the enterprise when the differentiation strategy can not reflect the customer value. And customer value is multi – dimensional, the ability of differentiation strategy to create business performance comes from the ability of differentiation creating various dimensions of customer value.

Based on the empirical results, this study proposes measures of differentiation strategy of online travel enterprise from two aspects: discuss the path of implementing the differentiation strategy and control the cost of differentiation.

Specifically, the study proposes strategy path from three aspects of product differentiation, service differentiation and feeling factors differentiation of the online tourism enterprises differentiation strategy. And this paper proposes four ways to control cost, which are, controlling management cost through the use of information technology, reducing business cost through business model innovation, reducing competition cost through constructing strategic alliance and cutting down marketing cost through applying new marketing means.

The innovation of this research mainly displays in the following four aspects:

(1) This paper constructs the mechanism model of differentiation strategy oriented by customer value acting on the online tourism business performance and does empirical test to examine it based on the depth analysis of the formation mechanism of differentiation advantage, customer value and differentiation effect on customer value, this paper constructs the theoretical model of "differentiation strategy – customer value – business performance", and with the online travel business as the research object, it does empirical test for examining the theory model. In research content, this paper enriches the theoretical framework of competitive strategy and customer value; on the object of study, this paper chooses the new generation of online tourism enterprises as the research object, it breaks through the traditional practice, and has certain innovation.

(2) This paper expands the structure of customer value dimensions. Based on the previous studies of customer value, this paper divides customer value into four dimensions of product value, cost value, service value and feeling value. And it changes the past research way that makes cost as the reverse effect of customer value, on the contrary, make it "the cost value".

(3) This paper proposes measurement scales. On the basis of a differentiation strategy, customer value and business performance research achievements at home and abroad, combined with the actual situation of online tourism enterprises, through using the depth interview method, the paper develops the measurement scale of this research, and then test the reliability and validity of the scale. The development of the new scale will promote the research on business competitive strategy and customer value in a certain sense, and has a cer-

tain practical significance to study strategic practice of online travel company.

（4）This paper puts forward the tactics of online travel company in the customer value oriented differentiation strategy. Based on the empirical results, this study proposes measures of differentiation strategy of online travel enterprise from two aspects: discuss the path of implementing the differentiation strategy and control the cost of differentiation. These tactics have the practical instruction significance for the implementation of differentiation strategy based on customer value in online travel company.

Key Words: customer value; online travel business; differentiation strategy

目　录

表目录

图目录

第一章 导 论

第一节 研究背景及研究意义

一 研究背景

(一) 我国在线旅游行业发展空间巨大

首先，我国在线旅游行业的发展得益于我国旅游业的整体发展。随着人们生活水平的提高和消费观念的转变，旅游已经成为人们主要的闲暇消费选择，旅游业也成为我国休闲经济的核心组成部分。经过多年发展，我国旅游业的国际地位显著提升，我国已经成为名副其实的世界旅游大国。据《2013 年度中国旅游业分析报告》统计，2013 年，我国国内旅游人数高达 32.62 亿人次，国内旅游收入 2.6 万亿元，分别比上年增长 10% 和 15.7%，是世界上数量最大、潜力最强的国内旅游市场；2013 年，我国国际入境游客为 1.29 亿人次，实现收入 516.64 亿美元，规模从 1990 年的第 12 位跃升至全球第 3 位，成为继法国、美国之后世界第三大旅游目的地国家；2013 年，中国出境规模达 9818.52 万人次，比上年增长 18%，出境旅游消费国际旅游支出总额高达 980 亿美元，跃居全球第 3 位；2013 年，我国全年旅游收入为 2.95 万亿元，比上年增长 14%。[①] 同时，2009 年国务院印发的《关于加快发展旅游业的意见》明确提出将旅游业定位于国家战略性支柱产业，并提出了"十二五"期间我国旅游业发展的目标。国家政策的大力支持为我国旅游业的蓬勃发展提供了有力保障，再加上当前我国正处于工业化、城镇化快速发展时期，日益增长的大众化、多

[①] 国家旅游局网站：《2013 年度中国旅游业统计公报》，http://www.cnta.gov.cn/html/2014-9/2014-9-24-%7B@hur%7D-47-90095.html，2014 年 9 月 24 日。

样化消费需求将为旅游业提供新的发展机遇。2013 年 10 月，我国新旅游法实施，新旅游法对于旅行社的违规行为进行了严格约束，因此对传统线下旅行社经营造成了较大冲击，由于在线旅游拥有价格透明、产品多样化等优势，游客从线下到线上的转移成为大势所趋。

第二，信息和互联网技术的进步助推在线旅游行业的发展。20 世纪 90 年代中后期，互联网和信息技术快速发展，个人计算机迅速普及，在线购物已经成为消费者不可或缺的购物方式。而随着旅游业的发展，为了让消费者更方便、快捷、实惠地购买到旅游产品，在线旅游应运而生，它是指旅游消费者通过网络或电话向在线旅游企业预订机票、酒店、度假产品等旅行产品或服务，并通过网上支付或者线下付费的行为。① 经过数十年发展，我国在线旅游企业已经具有一定规模，并呈现持续上升趋势。2011 年我国在线旅游市场交易规模为 1313.9 亿元，比上年增长 38.5%；2012 年交易规模高达 1729.7 亿元，同比增长 31.6%；2013 年我国在线旅游市场交易额高达 2204.6 亿元，同比增长 29.0%，预计 2017 年市场规模会增至 4650.1 亿元，复合增长率 20.5%，未来预计同样保持高速增长趋势（见图 1 – 1）。② 虽然我国在线旅游保持较高的发展速度，但其在旅游业中的渗透率并不高，据资料显示，2012 年我国在线旅游渗透率③仅为 7.1%（见图 1 – 2），2013 年为 8.7%，而美国在线旅游的渗透率高达 70%，可见，我国在线旅游市场具有非常广阔的发展空间。同时，随着智能手机的进一步普及和消费者使用手机习惯的改变，在线旅游将逐渐由互联网转向移动互联网。截至 2013 年 12 月，中国网民规模达 6.18 亿，使用手机上网的人群占 81%，其中查询旅游信息的手机用户全球增长 51%，18% 的手机用户将用手机预订酒店和机票。④ 未来随着智能手机的普及和旅游预订 App 的不断完善，线下用户和潜在旅游用户可能直接转化为手机在线旅游预订用户，移动互联网的普及将为整个在线旅游行业提供更大的发展空间。

---

① 艾瑞咨询网：《中国在线旅游年度行业监测报告（2011—2012）》，http：//www. ire-search. com. cn，2011 年 6 月 27 日。

② 艾瑞咨询网：《2013 年中国在线旅游市场监测报告》，http：//res. meadin. com/HotelData/96183_ 1. shtml，2014 年 1 月 13 日。

③ 在线旅游渗透率是指在线旅行预订交易规模占旅游总收入的比重。

④ 易观网：《预计 2012 年在线酒店预订代理营收规模将达到 42 亿元》，http：//data. eguan. cn/dianzishangwu_ 137346. html，2012 年 7 月 23 日。

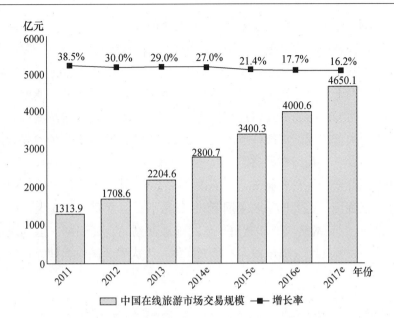

图 1-1 2011—2017 年中国在线旅游市场交易规模

注：在线旅游市场交易规模是指在线旅游服务提供商通过在线或者呼叫中心（Call Center）预订并交易成功的机票、酒店、度假等所有旅游产品的价值总额，包括上游供应商的网络直销和第三方在线代理商的网络分销。

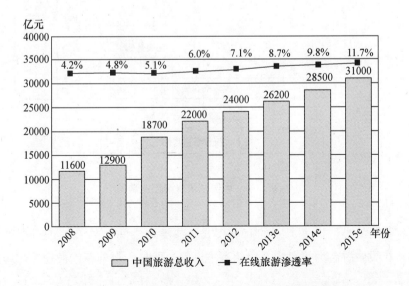

图 1-2 2008—2015 年中国旅游总收入及在线旅游渗透率

资料来源：艾瑞咨询网：www.iresearch.com.cn。

（二）我国在线旅游行业进入激烈竞争阶段

随着互联网的深入渗透，用户在网上获取信息和进行预订的习惯逐渐形成，电子商务对市场的整体带动作用将逐渐培养消费者的在线消费习惯，加之网上预订旅游不受时间限制、价格比较便宜、信息透明度高，消费者预订旅游产品的方式将逐渐从线下向线上转移，在线旅游消费规模将进一步增大，市场的广阔性也大大刺激了我国在线旅游企业的发展。经过数十年的发展，我国在线旅游企业已经具备一定的规模，且呈现出较为明显的类别特征：一是产业链上游企业（主要指旅游官网）；二是在线代理商（如携程网、艺龙网、芒果网等）；三是平台运营商（如淘宝、拍拍旅游频道）；四是网络媒介和营销平台（如点评网站：到到网；垂直搜索引擎网站：去哪儿网、酷讯网等；社交媒体：人人网、腾讯微博等；营销平台：同程网等）。①

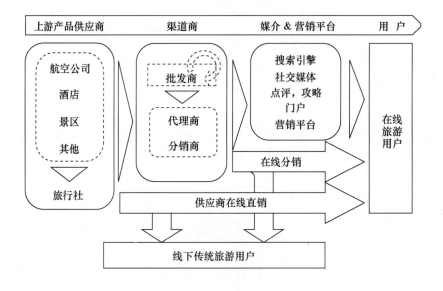

图 1 - 3　中国在线旅游产业链

不同的类型代表不同的商业模式，各类别之间如果能够进行有效合作，在线旅游市场将呈现有序的竞争局面。但是，目前新的商业模式纷纷

---

① 艾瑞咨询网：《2010 年中国旅游网上预订行业研究报告》，http：//www. iresearch. com. cn/isearch. aspx? k = ，2011 年 1 月 8 日。

进入在线旅游预订市场，后来者的加入和已有企业并存状态造成了空前激烈的竞争格局。第一，随着平台式淘宝、垂直搜索引擎去哪儿网等新型模式的崛起，以携程为代表的老在线旅游企业受到新加入者的威胁，其市场份额受到挤压。第二，由于缺乏明确的市场细分和差异化，在线旅游企业产品同质化问题突出。机票、酒店、度假是各在线旅游企业的主体旅游产品，且其上游产品源具有高度相似性；由于激烈的竞争，各在线旅游企业竞相模仿成功的新商业模式，致使新模式彼此重叠（见表1-1）。第三，在线旅游企业间呈现以"价格战"为特征的低端竞争模式。主要表现在强势企业之间的价格竞争，目的是抢夺顾客和借机排挤弱势企业。在线旅游企业的"价格战"发起于2012年，具体表现为各大在线旅游企业纷纷推出低价促销策略，比如携程网的"订酒店返现"的低价促销活动；艺龙网推出"最大规模、最大力度的夏季促销"；芒果网宣布投入8000万元现金补贴，启动"酒店狂欢节"；同程网亦宣布投入9000万元促销，共同掀起在线旅游行业价格大战。但是，价格战的低价噱头远大于其实质内容，有些低价促销的产品背后隐藏着许多隐性消费，使得消费者不但没有获得低价的优惠，反而付出更多；而有些低价促销的产品本身就存在质量问题，使得消费者的旅游体验大大降低。因此，在"价格战"中最终受伤害的是顾客，企业的"价格战"导致顾客价值下降。同时，对于在线旅游企业来说，低端竞争的结果是各在线旅游企业利润率的全面下滑。据统计，携程网自2012年开始价格战之后，2012年第三季度利润下滑40%，艺龙网也出现三年来的首次亏损，亏损金额为3310万元。

表1-1　我国主要在线旅游企业新模式展示（以在线酒店预订为例）

在线旅游企业	团购	尾房	模糊定价	反向定价	智能客户端
携程网	√	√	√	√	√
艺龙网	√	√	√	√	√
去哪儿网	√			√	√
同程网	√				√
芒果网	√				√

注：本书根据行业公开数据整理得到。

（三）顾客角色的转换呼吁在线旅游企业差异化经营

经济及社会的发展，使得顾客角色发生了根本转换，顾客不再是被动的消费者角色，他们对于产品和服务的要求更加多变、苛刻和个性化：一方面，顾客越来越推崇个性化的产品和服务；另一方面，在同质产品的消费上，顾客也有追求个性化消费模式的倾向（王永贵，2011）。[①] 同时，信息技术的发展，使得顾客在产品、服务、渠道、沟通等方面的选择余地空前增大、转移壁垒不断降低、对企业的忠诚度日趋下降，市场的控制权和选择权逐渐由企业转移到顾客手中（王永贵，2005）[②]，顾客中心时代已经来临。因此，在当今顾客需求日益扩大的经济时代，单纯以低成本向顾客提供产品的做法已不能满足顾客的真正需求。企业面对前所未有的竞争压力，只能更加注重创新和差异化经营，以便通过吸引新顾客、留住老顾客来赢得持续竞争优势。而企业差异化经营是以满足顾客的个性化需求为前提，即差异化要能体现顾客独特的价值，这样的差异化才能为企业带来高绩效。已有研究普遍认同"顾客价值导向"的差异化更有助于实现较高的企业绩效（Makadok and Ross，2009）。[③]

综上所述，我国旅游业蓬勃发展，在线旅游企业能够满足新时代顾客更多的旅游消费需求，而我国目前在线旅游渗透率还很低，在线旅游企业发展空间巨大。与此同时，我国在线旅游行业正陷入产品同质化、相互模仿、低价等恶性竞争境地，不良的竞争模式既不能满足顾客的真正需求，也无法实现企业的价值。而随着信息技术的进步、竞争的加剧、顾客角色的转变以及后现代消费意识的形成（Douglas，1997）[④]，越来越多的顾客开始注重个性化的消费诉求，期待企业能够为他们提供差异化的产品或服务，而他们愿意为这些差异化的产品或服务支付高于市场平均水平的溢价（Franke and Von Hippel，2003）。[⑤] 在这种时代背景下，在线旅游企业应该转换经营思路，走出盲目低价的"硬碰硬"的低端竞争困局，用差异化经营来满足更高的顾客价值，从而实现企业自身价值。

---

① 王永贵：《顾客创新论——全球竞争环境下"价值共创"之道》，中国经济出版社 2011年版，第9页。

② 王永贵：《顾客资源管理》，北京大学出版社 2005 年版，第10页。

③ Makadok, R., Ross, D. G., "The Strategic Logic of Product Differentiation", Atlanta Competitive Advantage Conference Paper, 2009.

④ Douglas, B. H., Poststructuralist Lifestyle Analysis: Conceptualizing the Social Patterning of Consumption in Postmodernity, *Journal of Consumer Research*, Vol. 23, No. 4, 1997, pp. 330 – 348.

⑤ Franke, N., Von Hippel, E., Satisfying Heterogeneous User Needs Via Innovation Toolkits: The Case of Apache Security Software, *Research Policy*, Vol. 32, 2003, pp. 1200 – 1210.

二 研究意义

(一) 理论意义

迈克尔·波特 (Porter, 1980) 提出了三种基本竞争战略: 成本领先、差异化和集中化战略, 并认为采用其中的任何一种战略都会为企业带来竞争优势①, 而至于三者中哪一种战略更能为企业带来高绩效, 波特并没有明确说明, 理论界也众说纷纭 (Hunt, 2000)。② 但是, 通过深读文献发现, 差异化战略是三种基本竞争战略的本质, 成本领先战略也是一种特殊的差异化 (Mintzberg, 1978)③, 差异化也并非意味着成本的必然增加, 尤其在互联网经济背景下, 信息技术的使用和互联网企业的正外部性特征在一定程度上可以化解差异化的成本 (熊胜绪, 2009)。④ 在消费品和制造业等领域, 一些学者已经证明了企业实施差异化战略能够增强企业经营绩效 (郑兵云、陈圻, 2011)。⑤ 在当今社会, 顾客已步入情感消费的时代 (张明立, 2007)⑥, 更注重消费中的价值主张, 企业的差异化战略通过创新产品或服务使企业在产品性能、服务方式、技术特点、品牌形象、客户服务、运营模式等方面与竞争对手产生差别, 这些要素的差异化更能体现当今顾客的购买价值, 而差异化的实质是企业追求垄断要素的一种方式, 通过差异化企业能够获得高于市场平均水平的溢价收益, 从而能获得更高的绩效。因此, 时代需求特征要求企业更要注重差异化战略。而企业的差异化必须以顾客价值为前提, 顾客不需要的差异化是不会给企业带来任何利益的。

鉴于此, 本书通过对差异化战略理论和顾客价值理论的深度解读, 分析差异化对顾客价值的影响, 从理论上分析顾客价值导向的差异化对在线旅游企业经营绩效的影响, 从而构建在线旅游企业 "差异化战略—顾客价值—企业经营绩效" 的新发展逻辑和理论模型, 文章对在线旅游企业

---

① 迈克尔·波特:《竞争优势》, 陈小悦译, 华夏出版社 2005 年版, 第 10—16 页。

② Campbell Hunt, What Have We Learned About Generic Competitive Strategy? A Meta Analysis, *Strategic Management Journal*, Vol. 21, No. 2, 2000, pp. 130 – 150.

③ Mintzberg, H., Patterns in Strategy Formation, *Management Science*, Vol. 24, No. 9, 1978, pp. 935 – 940.

④ 熊胜绪:《基于顾客价值的企业差异化战略路径探析》,《中南财经政法大学学报》2009 年第 2 期。

⑤ 郑兵云、陈圻:《差异化对企业绩效的影响研究——基于创新的中介视角》,《科学学研究》2011 年第 9 期。

⑥ 张明立:《顾客价值——21 世纪企业竞争优势的来源》, 电子工业出版社 2007 年版, 第 65 页。

竞争战略的研究框架具有一定的理论贡献。

（二）现实指导意义

2012 年，以携程网、艺龙网、芒果网为首的在线旅游企业纷纷投入重金进行各类低价促销活动，展开了以"价格战"为特点的低端竞争，其结果是利润率全面下降，顾客价值受到严重影响。而各在线旅游企业之所以不惜损失利润为代价来打价格战，主要原因在于同类型在线旅游企业产品同质化严重，为了抢占市场，纷纷以低价吸引顾客，最终导致恶性竞争。随着经济的发展和社会的进步，顾客需求越来越多样化和个性化，顾客已从价格敏感逐渐转变为价值敏感，差异化的产品或服务比单纯的低价更能体现顾客价值，顾客价值是顾客忠诚度的来源，因此会正向影响企业经营绩效并使企业获得持续竞争优势。本书通过构建在线旅游企业"差异化战略—顾客价值—企业经营绩效"的发展逻辑，为我国在线旅游企业开辟了新的发展思路和竞争模式，可以规避盲目模仿、产品或服务过度同质化、价格战、广告战等不良竞争方式，对我国在线旅游企业健康发展及取得持续竞争优势具有实际应用价值。

第二节　研究拟解决的问题及内容安排

一　研究拟解决的问题

在线旅游企业如何实施基于顾客价值导向的差异化战略是本书的根本目的。而要达到此目的，必须首先厘清差异化对顾客价值的影响机理，然后通过构建基于顾客价值的差异化战略与在线旅游企业经营绩效关系的理论模型，并对二者的关系进行实证检验，在此基础上，进一步探讨差异化战略的具体实施策略与路径。因此，本书根据国内外现有的文献与资料，确定本书所研究的问题。

（一）差异化对顾客价值的影响机理问题

波特认为，当一个企业能够为顾客提供一些独特的、对顾客来说其价值不仅仅是价格低廉的东西时，这个企业就具有了区别于其竞争对手的经营差异化，而这种区别可以使企业获得溢价收益。[①] 信息技术和互联网的

---

① 迈克尔·波特：《竞争优势》，陈小悦译，华夏出版社 2005 年版，第 120 页。

普及，改变了基本的商业竞争环境和价值创造逻辑，市场由此从以企业为中心的时代进入以顾客为中心的时代，而顾客的需求更加多样化和个性化，他们更喜欢独特的产品或服务，他们希望企业能够了解他们独特的价值主张。由此可见，差异化和顾客价值是一种"互动"关系：一方面，顾客的多元化、个性化需求需要企业的差异化来予以满足；另一方面，企业实施差异化更能为顾客带来价值和实现企业自身价值。明确这一关系以后，我们还需要考量一个关键的问题：差异化是如何影响顾客价值的？我们知道，只有能够为顾客带来价值的差异化才是顾客需要的，而顾客价值是一个综合概念，理解什么样的差异化对顾客有价值要从分析顾客价值开始。企业差异化对顾客价值的影响是作用在顾客价值的每一部分，只有明确了顾客价值的内容才能更好地实施差异化战略。

（二）基于顾客价值的差异化对在线旅游企业经营绩效的影响问题

虽然已有学者研究了某些领域的差异化确实能够影响企业的经营绩效，但是由于我国在线旅游业的发展是近些年的事，学术界很少关注该领域的战略选择与绩效问题，更鲜见实证研究，现有文献对于上述问题缺乏足够的研究。本书基于对差异化和顾客价值关系的理解，分析差异化对顾客价值的影响，基于顾客价值的差异化对在线旅游企业经营绩效影响的分析，建立"差异化—顾客价值—在线旅游企业经营绩效"的理论模型，并以我国在线旅游企业为调查对象，通过实证分析工具对理论模型进行实证分析，从而揭示顾客价值导向的差异化如何影响在线旅游企业的经营绩效，为顾客需求快速变迁的环境下我国在线旅游企业战略选择提供理论指导。

（三）基于顾客价值的在线旅游企业差异化战略的构建策略问题

差异化为企业创造价值的前提是差异化的收益超过其成本，因此，企业实施差异化战略的优势源于差异化为顾客创造的价值和企业对差异化成本的控制（熊胜绪，2009）。[①] 因而，在线旅游企业通过哪种途径实施差异化和进行差异化的成本控制，具有重要理论和实践意义。本书在从理论上揭示顾客价值导向的差异化与在线旅游企业经营绩效内在联系的基础上，提出顾客价值导向的在线旅游企业差异化战略的实现路径及其成本

---

① 熊胜绪：《基于顾客价值的企业差异化战略路径探析》，《中南财经政法大学学报》2009年第2期。

控制。

二　内容安排

本书共安排六章内容，各章节结构安排如下：

第一章为导论，主要阐明本书的研究背景与研究意义，提出了本书所研究的问题，阐述了文本的主要创新点，对本书的技术路线、研究内容结构安排和研究方法进行说明。

第二章为相关文献综述。本书对顾客价值内涵首先进行了深度解析，并综述了国内外对顾客价值测量测量维度的相关研究；其次，对差异化战略内涵及其测量进行了深度解析，并综述了国内外关于差异化对企业经营绩效的相关研究；再次，综述了在线旅游企业战略的相关研究；最后，在前文综述的基础上，指出现有研究的贡献与不足，为本书后续研究奠定了理论基础。

第三章为在线旅游企业的差异化与顾客价值分析。本章主要在前文文献综述基础上，分析差异化的性质及其优势，提出差异化优势的形成机理；本章第二部分将探讨顾客价值的内涵及其主要内容，并对企业顾客价值进行具体分析，提出在线旅游企业顾客价值的具体内容及其衡量指标。

第四章研究差异化与在线旅游企业经营绩效关系的理论分析。本章根据已有文献资料，并结合第三章对于差异化和顾客价值的分析，明确了差异化影响顾客价值的内在机理。在此基础上，进行顾客价值导向的差异化与在线旅游企业经营绩效关系的理论分析，提出研究假设，然后构建"差异化战略—顾客价值—企业经营绩效"的理论模型。

第五章进行差异化与在线旅游企业经营绩效关系的实证分析。根据第四章的理论分析，结合国内外文献已开发出来的顾客价值和差异化量表，再经过管理界和企业界专家访谈对量表进行适当调整，来设计调查问卷的测量指标和题项，并选取一定数量的调查样本，进行样本数据的收集。利用 SPSS 和 AMOS 统计软件进行问卷的描述性分析、因子分析和信度检验，以及问卷的拟合优度与假设检验，对提出的理论模型和研究假设进行分析和验证。对验证结果进行讨论和总结，并对理论模型进行优化。

第六章研究基于顾客价值导向的在线旅游企业差异化战略的构建策略。本章根据以上章节得出的研究结论，探讨在线旅游企业差异化战略的路径和在线旅游企业差异化的成本控制。在此基础上，对本书存在的局限和不足进行说明，同时指出未来研究方向。

三 主要创新点

本书的创新之处主要体现在以下几个方面：

（一）构建了顾客价值导向的差异化对在线旅游企业经营绩效的影响机理模型并进行了实证检验

本书在深度分析差异化优势形成机理、顾客价值链及差异化对顾客价值影响基础上，构建了"差异化战略—顾客价值—企业经营绩效"的理论模型，并以在线旅游企业为研究对象，对构建的理论模型进行了实证检验。在研究内容上，创新性地将战略管理领域的竞争战略研究和市场营销领域的顾客价值研究结合起来，对于竞争战略和顾客价值理论框架的扩展均具有突破意义；在研究对象上，本书选择新生代的在线旅游企业作为研究对象，突破了已有的竞争战略和顾客价值研究多集中在传统行业的局限，具有一定的实践创新性。

（二）拓展了顾客价值结构维度

本书在以往学者对顾客价值研究的基础上，将顾客价值划分为产品价值、成本价值、服务价值和情感价值四个维度。其中，本书没有采用以往研究中对成本是"利失"的界定，因为如果顾客感觉以较低的价格购买到非常好的产品，就会产生"占了便宜"的心理，那么，原本的"利失"就会变成"利得"，此时的成本就可以"价值化"。因此，和以往研究将成本设置为顾客价值的反向影响关系不同，本书中顾客价值的四个维度对顾客价值都是正向影响关系。

（三）编制了研究测量量表

在借鉴国内外关于差异化战略、顾客价值、企业经营绩效研究成果基础上，结合在线旅游企业的实际情况，并利用深度访谈法，开发了本书的测量量表。其中差异化战略用 10 个题项加以度量；顾客价值包含四个维度共计 17 个测量题项；企业经营绩效采用销售增长率、利润增长率、市场占有率 3 个指标加以测量。初步形成的量表进行了信度和效度的检验，形成了最终的研究量表——顾客价值导向的在线旅游企业差异化对企业经营绩效影响的测量量表。量表开发过程科学合理，形成的量表丰富了竞争战略和顾客价值相关研究体系，并对在线旅游企业开展现实管理具有指导意义。

（四）提出了顾客价值导向的在线旅游企业差异化战略构建策略

结合前面章节的实证研究结果，本书从在线旅游企业实施差异化战略的路径以及差异化的成本控制两个方面提出在线旅游企业差异化战略的构建策略。其中，从产品差异化、服务差异化和情感要素差异化三个方面探讨在线旅游企业实施差异化战略的路径；从利用信息技术化解管理成本、创新商业模式缩减企业成本、构建战略联盟降低竞争成本和应用新型营销手段降低营销成本四个方面探讨在线旅游企业进行差异化的成本控制。研究对于在线旅游企业实行差异化战略具有实际指导意义。

第三节　技术路线和研究方法

一　技术路线

本书首先基于现实背景提出问题，并围绕研究问题进行相关文献梳理与分析，为后期研究奠定理论基础；继而以顾客价值链为视角分析差异化对顾客价值的影响；然后运用理论和实证分析方法，分析顾客价值导向的差异化与在线旅游企业经营绩效关系的内在联系；在此基础上，提出顾客价值导向的在线旅游企业差异化战略的构建策略。因此，本书将按照提出问题、理论基础、分析问题、解决问题的思路进行，并遵循以下技术路线（见图1-4）开展研究。

二　研究方法

（一）文献分析法

本书通过检索数据库和浏览期刊，查阅了大量有关竞争战略理论和顾客价值理论文献，整理了大量差异化战略、顾客价值内涵及其测量的文献，在详细梳理这些文献的基础上，初步形成了本书的研究构思。

（二）调查研究法

通过专家调查和企业管理层领导采访，提炼差异化战略、顾客价值的测量指标集。结合已有研究文献，对本书的概念模型进行量化，设计本书的问卷调查表。通过发送电子邮件、现场发放等方式进行实践调研，从而获取本书所需的数据资料。

（三）深度访谈法

本书通过对相关领域的专家进行深度访谈，提炼在线旅游企业差异化战略、顾客价值、企业经营绩效的测量指标集，并结合已有的研究文献，经过严格的"四阶段"过程，对本书的概念模型进行量化，以设计本书的问卷调查表。

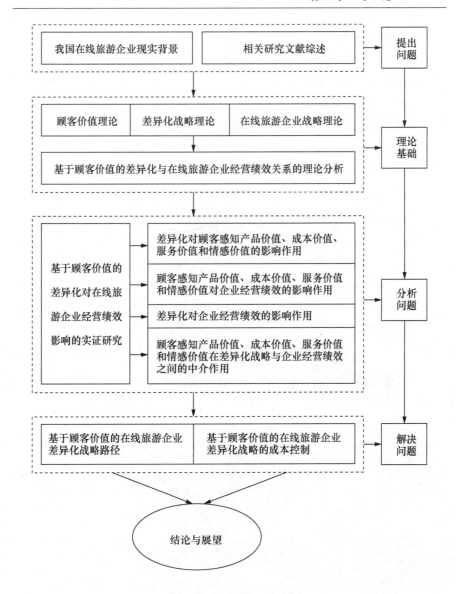

图 1-4 本书的技术路线

（四）统计分析法

主要用到的统计分析方法有：

（1）描述统计分析法，主要用来对在线旅游企业的规模、被调查者的基本信息等数据进行样本的均值、频次等描述统计；

（2）因子分析法，本书采用因子分析法对所有测量变量进行信度和效度的检验，用以测度题项是否具有可信度；

（3）结构方程模型，本书采用结构方程模型分析差异化战略、顾客价值及企业经营绩效之间的复杂关系，检验前文提出的研究假设。

（五）规范分析方法

本书最终目的是为在线旅游企业构建差异化战略提供理论指导和实践建议。因此，本书在对前人大量相关研究成果分析基础上，深入探讨顾客价值导向的在线旅游企业差异化战略构建策略。

本章小结

本章主要阐明本书的研究背景与研究意义，提出了所研究的问题，对本书的内容结构安排、技术路线和研究方法进行了说明，后续研究将以本章内容为指导展开。

第二章 相关文献综述

顾客价值理论的发展历程中，尽管学者们在一些观点上存在分歧和争论，但对相关研究文献的梳理和评述，有助于理论自身的完善。本书先后对顾客价值、差异化战略、在线旅游企业战略等相关研究文献进行了回顾，指出现有研究的局限性，并在此基础上形成了本书的切入点。

第一节 顾客价值研究综述

对于顾客价值的研究是与企业寻求持续竞争优势相联系的。自从波特（Porter，1985）提出竞争优势理论以来，理论界和企业界就开始积极思考和探求企业获取可持续竞争优势的方法。通过综览文献发现，学者们主要从价值链管理、质量管理、组织与流程再造、企业文化等多方面来阐述企业应当如何建立竞争优势，但是这些理论主要关注的是组织内部的改进和创新，而不是探索企业如何基于市场导向提供产品与服务。如此一来，其产品和服务不一定会被顾客认同，因此企业也就无法形成真正的竞争优势。随着技术的进步和市场环境的变化，单纯地依靠企业内部的改进并不会获得相应的成功，而必须转向企业之外的市场，即从顾客的角度来寻求竞争优势。伍德鲁夫（Woodruff，1997）提出，企业只有提供比其他竞争者更多的价值给顾客，即优异的顾客价值，才能保留并造就忠诚的顾客，从而在竞争中立于不败之地。正因为如此，客户价值已成为理论界和企业界共同关注的焦点，被视为竞争优势的新来源。

一　关于顾客价值内涵的界定

西方学者对顾客价值内涵的认识有五种不同的观点。本书通过对一些具有代表性的研究进行细致梳理，提炼已有研究的核心观点，并进行分类解读。

第一种观点认为，顾客价值是顾客的心理感知价值。顾客感知价值（Customer Perceived Value，CPV）体现的是顾客对企业提供的产品或服务所具有价值的主观认知，而区别于产品和服务的客观价值。泽丝摩尔（Zeithaml，1988）首先从顾客心理角度提出了顾客感知价值理论，她将顾客感知价值定义为顾客所能感知到的利得与其在获取产品或服务中所付出的成本进行权衡后对产品或服务效用的整体评价。随后，门罗（Monroe，1991）沿用顾客感知价值的提法，认为顾客的价值感知代表了他们在产品中感知的质量和利益与相对于通过支付价格而感知的付出之间的一种权衡。总体而言，顾客感知价值的定义是一个基于得失权衡观的研究，遗憾之处在于，已有研究过多地强调价格在顾客得失中的地位，而忽略了顾客成本的多样性。

第二种观点认为，顾客价值是顾客让渡价值。著名营销学专家菲利普·科特勒（Philip Kotler，2001）从顾客让渡价值和顾客满意的角度阐述了顾客价值。其研究前提是：顾客将从那些他们认为提供最高认知价值的公司购买产品。顾客让渡价值是指总顾客价值与总顾客成本之差。总顾客价值就是顾客从某一特定产品或服务中获得的一系列利益，包括产品价值、服务价值、人员价值和形象价值等。顾客总成本是指顾客为了购买产品或服务而付出的一系列成本，包括货币成本、时间成本、精神成本和体力成本。顾客是价值最大化的追求者，在购买产品时，总希望用最低的成本获得最大的收益，以使自己的需要得到最大限度的满足。菲利普·科特勒的定义更全面地解释了顾客所得与所失的组成部分，便于测量，因而比较具有代表性。

第三种观点认为，顾客价值是个得失权衡的概念，其构成受特定行业影响。格罗鲁斯等（Grönroos，1991）通过分析顾客从一项产品的消费中到底可以获得什么样的价值，将顾客价值分为功能性价值、社会性价值、情感性价值、认识性价值及情景价值。顾客价值是得失权衡的概念，因此，奥利弗（Oliver，1997）提出了"期望价值"和"实际价值"的概念。伍德尔（Woodall，2003）也将顾客价值诠释为一种权衡视角下的构成概念，即顾客价值包括：净价值（对利益与成本的权衡）、实用价值（使用和体验的结果）、营销价值（感知到的产品品质）、销售价值（成本上的缩减），以及理性价值（通过比较利得和利失得到的公平感知）。顾客价值的构成受特定行业的限制。比如，消费者通过购买饮料产品获得的价值和图书的顾客价值就有很大区别。因此，对顾客价值构成的研究必须结合特定行业来进行。

第四种观点认为，顾客价值是顾客在某个情境下的利得与利失之间的权衡。格罗鲁斯等（2000）认为，顾客价值是顾客在某个情境下的利得与利失之间的权衡，他还重点强调这里的情境不能仅仅局限在单个情境下，而应该扩展到整个持续过程。在该视角的研究中，伍德鲁夫（1997）的研究最具有代表性，他通过实证研究提出，顾客价值是顾客对特定使用情境下有助于实现自己目标和目的的产品属性、属性的效用以及使用的结果所感知的偏好与评价。该定义说明了顾客价值的获得是顾客对某个产品或服务的特定使用情境决定的，使研究更具有针对性和现实意义。

第五种观点认为，顾客价值是顾客对那些产品的属性、属性效能及从使用中引起的有利于（有碍于）顾客在使用状态下取得他们的目标结果的偏好及评估，顾客价值是分层级的。瓦因甘德（Weingand，1997）通过对图书馆的实证研究发现，顾客价值是有层次的，并把顾客价值划分为基本的价值、期望的价值、需求的价值和未预期的价值四个层次，各个层次对应不同的顾客价值（见图2－1）。

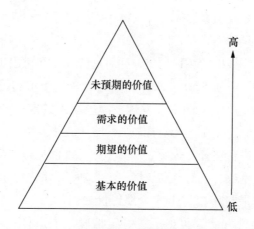

图2－1　瓦因甘德的顾客价值层次模型

伍德鲁夫（1997）的顾客价值层次模型对顾客如何感知企业所提供的价值问题进行了回答。该模型提出，顾客以"手段—目的"的逻辑方式形成期望价值，并通过对产品属性及属性效能、使用结果、顾客目标三个层次的评价来确定是否满意（见图2-2）。

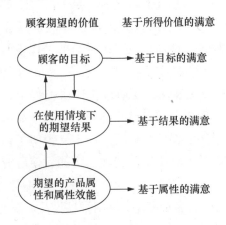

图2-2 伍德鲁夫的顾客价值层次模型

在我国，早期研究顾客价值的学者是白长虹（2001）[1]，他通过对国外顾客价值的研究综述，向我国学者介绍了国外顾客价值的研究成果。武永红和范秀成（2005）结合已有研究，提出"顾客价值是具有特定需求与意图的顾客个体或顾客群体，在具体使用情景下感知到已经、正在或者将要从某种或某几种需求的满足中得到的各种利益和为得到这些利益已经、正在或者将要做出的各种付出，并对这些利益和付出进行权衡比较后形成的总体评价"。[2] 张明立（2007）通过对泽丝摩尔和伍德鲁夫提出的两种顾客价值的经典定义的解读发现，泽丝摩尔的定义缺乏对竞争的考虑，而伍德鲁夫的定义对"相对比较"和"得失权衡"考虑不足，因此，通过将两种定义进行整合，张明立认为，顾客价值是指在特定情境中，顾客相对于竞争对手或自己对产品属性、产品功效的期望，以及帮助顾客实现目标的使用结果与相应付出的全部代价之间的感知、权衡和评价。同时，张明立结合已有研究提出了"特定情境"的具体内涵：传播情境、购买情境、使用情境和处置情境。

---

① 白长虹：《西方的顾客价值研究及其实践启示》，《南开管理评论》2001 年第 2 期。
② 武永红、范秀成：《基于顾客价值的企业竞争力理论的整合》，《经济科学》2005 年第 1 期。

表 2 - 1　　　　　　　　国内外学者对顾客价值概念的研究

作者及年份	顾客价值的定义
泽丝摩尔 （1988）	提出顾客感知价值：顾客所能感知到的利益与其在获取产品或服务时所付出的成本进行权衡后对产品或服务效用的总体评价。她的"价值"定义为：低价的；得到想要得到的；相比于价格的质量；所得利益与所支出成本的权衡
泽丝摩尔 and Parasuraman（1990）	基于消费某个特定产品的所得到和所给予的感知的效应的顾客全面评估
门罗（1991）	感知利益与感知付出的比率
Flint、Woodruff 和 Gardial（1997）	顾客价值是顾客在某一具体的使用状态下，顾客在给定的所有相关利益和付出的权衡下，对供应商为他们创造的价值的评估
伍德鲁夫（1997）	顾客价值是顾客对那些产品的属性、属性效能及从使用中引起的有利于（有碍于）顾客在使用状态下取得他们的目标的结果的偏好及评估
格罗鲁斯（2000）	该定义从关系营销的视角提出顾客价值是：顾客在某个情境下的利得与利失之间的权衡，他还重点强调这里的情境不能仅仅局限在单个情境下，而应该扩展到整个持续过程
科特勒（2001）	提出顾客让渡价值定义：顾客总价值与总成本之差
武永红和范秀成 （2005）	顾客价值是具有特定需求与意图的顾客个体或顾客群体，在具体使用情景下感知到已经、正在或者将要从某种或某几种需求的满足中得到的各种利益和为得到这些利益已经、正在或者将要做出的各种付出，并对这些利益和付出进行权衡比较后形成的总体评价
张明立（2007）	顾客价值是指在特定情境中，顾客相对于竞争对手或自己对产品属性、产品功效的期望，以及帮助顾客实现目标的使用结果与相应付出的全部代价之间的感知、权衡和评价

　　资料来源：根据白长虹（2001）、张明立（2007）、武永红和范秀成（2005）及本书整理得到。

　　表 2 - 1 概括了国内外学者对顾客价值概念的一些观点，从这些观点可以看出，以上学者对顾客价值概念的界定有相似之处，但也表现出差异。研究之所以出现观点上的不一致是由于研究的对象、角度或时间范围等有区别。但无论学者们对顾客价值的理解是基于何种角度，顾客价值总表现出以下几个特征：

　　第一，顾客价值的核心是"顾客"感知的价值，对一项产品或服务的价值评判应来源于顾客而不是企业本身。① 正是因为顾客价值的评价主体是顾客，而作为评价主体的顾客具有主观性（Naumann，1995）②、个体性（Zeithaml，1988）③ 和异质性（Stevenson，1984；Bolton and Drew，1991）等特征，因此，对顾客价值的研究需要综合考虑基于顾客的差异而表现出来的特征。

第二，顾客价值总是包含权衡的过程，即顾客总是在比较基础上得出价值好或不好的结论，只是权衡的对象因研究对象不同而存在差异，因此，顾客价值具有相对性④和情境依赖性。

第三，顾客价值具有基于时间变化上的动态特征。加蒂尔等人（Gardial et al.，1994）经过实证研究发现，消费者在购物前、购物中及购物后的评价标准存在很大差异。⑤ 因此，要为顾客创造卓越的顾客价值，必须要了解顾客的价值链。

二　关于顾客价值测量的研究

随着研究的深入，学者们普遍认识到，顾客价值只有被有效地测量，顾客才能进行价值评判，企业才能更好地创造和传递顾客价值。

营销学专家菲利普·科特勒（Kotler，2001）认为，顾客是价值最大化的追求者，在一定的约束条件下，顾客会去购买那些为他们提供最大价值（顾客总价值）的产品。研究认为顾客总价值包括产品价值、服务价值、人员价值和形象价值；顾客总成本包括货币价格、时间成本、精力成本和体力成本。

斯威尼和苏塔（Sweeney and Soutar，2001）通过对耐用消费品行业的实证研究，提出顾客感知的四维度度量体系——PERVAL（Perceived Val-

① Spiteri, J. M., P. A. Dion, Customer Value, Overall Satisfaction, End – user Loyalty, And Market Performance in Detail Intensive Industries, *Industrial Marketing Management*, Vol. 33, 2004, pp. 675 – 687.

② Naumann Earl, *Creating Customer Value：The Path to Sustainable Competitive Advantage*, Cincinnati. OH：Thomson Executive Press, 1995, pp. 10 – 14.

③ Zeithaml, Valarie A., Consumer Perceptions of Price, Quality and Value：A Means – end Model And Synthesis of Evidence, *Journal of Marketing*, Vol. 52, No. 7, 1988, pp. 5 – 20.

④ Holbrook, Morris B., Ethics in Consumer Research, *Association for Consumer Research*, Vol. 21, 1994, pp. 565 – 570.

⑤ Gardial, Sarah Fisher, Clemons, D. Scott, Woodruff, Robert B., Schumann, David W. and Burns, Mary Jane, Comparing Consumers' Recall of Pre – purchase and Post – purchase Product Evaluation Experiences, *Journal of Consumer Research*, Vol. 20, No. 3, 1994, pp. 550 – 558.

ue System)：情感价值、社会价值、货币价值和功能性价值，在此基础上，提出了19个子项目顾客价值度量体系①，研究测量指标带有明显的行业特征，在测量时融入了更多比如"是否喜欢，用起来开心"等描述顾客情感的测量题项。乌拉加和埃格特（Ulaga and Eggert，2002）②一直致力于顾客价值测量的研究，他们认为，对顾客价值的测量要考虑三个要素：第一，顾客价值是得失的权衡；第二，顾客价值是主观的；第三，竞争很重要，因此顾客价值衡量要考虑竞争因素。在此条件下，他们提出了包含"感知关系利益"和"感知关系牺牲"两个维度的测量模型（见图2－3）。

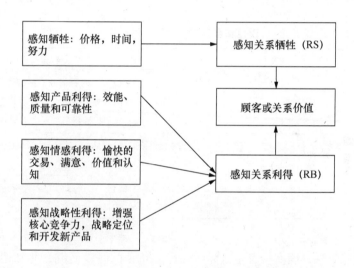

图2－3　乌拉加和埃格特的顾客价值测量模型

约瑟夫和保罗（Joseph and Paul，2004）基于顾客满意和顾客忠诚的角度，在对乌拉加和埃格特的测量模型进行修正的基础上，通过对医药行业的实证研究，开发了包括感知产品价值（效能、质量、可信度、安全）、感知战略价值（专业、竞争、优势、新产品）、感知情感价值（愉快、满意、偏好、认知）和感知牺牲（时间成本、努力、价格）四维度

①　Sweeney，C. Jillian and Soutar，N. Geoffrey，Consumer Perceived Value：The Development to A Multiple Item Scale，*Journal of Retailing*，Vol. 77，No. 2，2001，pp. 205－218.

②　Ulaga，W.，and Eggert，A.，Customer Perceived Value：A Substitute for Satisfaction in Business Market，*The Journal of Business and Industrial Marketing*，Vol. 10，No. 12，2002，pp. 107－118.

15 指标的顾客价值测量体系。同样，该测量体系因为是来自医药行业的实证研究，因此也具有明显的行业标签。株（Joo，2007）① 通过对韩国网络购物顾客的研究，将网络购物顾客价值分为经济价值、便利性、快速反应、人性化、社会价值、情感价值和信任六个维度。汉尼和费利克斯（Hanny and Felix，2008）② 从管理者和顾客两个角度来研究顾客价值，以酒店为研究对象，通过酒店管理者视角的顾客价值和酒店顾客视角的顾客价值的对比研究发现，两种视角下的顾客价值是不同的，并呼吁酒店要更多地关注顾客对顾客价值的理解，从顾客角度来讲，他们开发了三维度十二项指标的顾客价值测量模型（见表 2 - 2）。

表 2 - 2　　　　　　　　　汉尼和费利克斯的酒店顾客价值

顾客价值维度（顾客角度）	顾客价值测量具体题项
酒店声誉	酒店提供高质量的服务；酒店服务质量的连续性；酒店服务相当可靠；酒店被公认为是"优质服务酒店"；我非常喜欢住在贵酒店；酒店员工对客人很尊敬
性价比	该酒店定价合理；该酒店物有所值；该酒店的预订系统很方便
声望	住在该酒店很有面子；住在这个酒店是身份的象征；住在该酒店符合我的社会地位

近几年来，国内学者也开始关注顾客价值的测量研究，并利用因子分析、聚类分析、回归分析、结构方程等研究方法展开了多研究对象的实证研究，并取得了相应的成果。董大海（2003）以柴油机行业为研究对象，实证分析了柴油机顾客的顾客价值测量量表。③ 孟庆良、韩玉启等（2006）通过对电子商务企业顾客价值的特点分析，他们结合已有文献，建立了电

---

① Jaehun Joo, "An Empirical Study on the Relationship Between Customer Value and Repurchase Intention in Korean Internet Shopping Malls", *Journal of Computer Information Systems*, No. 3, 2007, pp. 55 - 62.

② Nasution, H. N., Mavondo, F. T., "Customer Value in the Hotel Industry: What Managers Believe They Deliver and What Customers Experience", *International Journal of Hospitality Management*, Vol. 27, 2008, pp. 204 - 213.

③ 董大海：《基于顾客价值构建竞争优势的理论与方法研究》，博士学位论文，大连理工大学，2003 年，第 61—72 页。

子商务企业顾客价值测量模型，研究认为，电子商务企业的顾客价值包括产品质量、成本、获取产品的时间、方便性、购买享受、情感联系、安全、环境影响八个维度。[①] 纪峰、梁文玲（2007）通过对我国饭店的实证研究，提出饭店业顾客价值的八个维度：服务质量、地理位置、情境价值、认识价值、情感价值、社会价值、货币成本和非货币成本，并用 27 个题项来加以测量。[②]

三 顾客价值对企业经营绩效影响的研究

顾客价值研究的意义在于要明确当顾客感知价值增加时会对企业的经营绩效产生怎样的影响，顾客价值增加是否就必然意味着企业绩效的增长。通过浏览已有文献资料发现，已有研究认为，顾客感知价值提升会提高顾客的满意度和忠诚度，进而对提高企业经营绩效产生积极的影响。

丘吉尔和瑟普艾奈特（Churchill and Surprenant，1982）提出，顾客价值和顾客满意在概念上具有非常紧密的关系，而两者本质上的关系是，顾客感知价值将直接导致顾客满意度的形成，顾客感知价值的层次决定顾客满意的程度（Clemons and Woodruff，1992）。多项研究已证明，顾客满意是顾客忠诚的重要来源（Heskett et al.，1997），虽然有学者认为满意的顾客未必就会成为忠诚的顾客（Fornell，1992），但事实上，当顾客产生多次满意时，就比较容易升级为忠诚的顾客。因此，顾客价值是有利于实现顾客忠诚的。

研究发现，顾客价值的提升对提高企业经营绩效有积极影响，这种影响是通过顾客满意度和顾客忠诚度在顾客价值和企业绩效间的中介作用实现的（Scharitzer and Kouarits，2000；Slater and Narver，2000）。安德森等（Anderson et al.，1994）研究发现，当企业提供更能体现顾客价值的产品或服务时，顾客不仅会为企业贡献一次性的财务绩效，更重要的是会持续关注企业，并形成对企业的忠诚。王高（2004）在研究顾客价值与企业竞争优势的关系中，通过对手机行业的实证研究发现，顾客感知价值高的产品对顾客的吸引力也大，从而能够为企业带来更高的销售量和更大的利润。

---

① 孟庆良、韩玉启、吴正刚：《电子商务模式下顾客价值度量模型的构建及应用》，《科技进步与对策》2006 年第 6 期。

② 纪峰、梁文玲：《我国饭店企业顾客价值实证研究》，《旅游学刊》2007 年第 9 期。

四　顾客价值研究述评

国内外对顾客价值的研究取得了丰硕的成果，但无论研究深度如何，顾客价值都难以摆脱其行业特征的限制。通过综览已有文献我们发现，学者们分别在医药行业、制造业、美容美发、餐饮业、酒店业、电子商务等领域开展了研究，并获得了这些领域顾客价值的度量维度，这些研究成果为本书提供了理论和研究方法上的指导。尽管如此，已有研究仍存在以下两个方面的不足。

第一，在线旅游是随着信息技术的进步和计算机的普及逐渐发展起来的，属于新兴产业，而在我国的发展仅仅是最近几年的事，因此，学术界还很少将顾客价值研究领域扩展到在线旅游行业。由于顾客价值的行业依赖性等特征，顾客对于在线旅游产品和服务的感知价值肯定有别于其他的产品和服务，这就需要我们进行进一步的探讨和分析。

第二，顾客价值研究一直以来都属于营销学的研究范畴（白长虹，2001），已有研究较多地遵循企业通过什么样的营销途径提高顾客价值，从而提高顾客满意度和忠诚度，并最终使企业获得持续竞争优势的研究路线，而较少从企业战略的层面去研究顾客价值。实际上，顾客价值的体现与企业战略的选择密不可分，成本领先战略会给顾客带来价格上的价值，而差异化战略可以为顾客带来产品、情感、品质、社会等多方面价值。到底企业要选择哪一种竞争战略，要基于行业发展背景下的顾客需求特征，即顾客更需要什么、更看重什么，只有满足了顾客需要的战略才是对企业成长有利的，企业也因此才能在激烈的竞争中脱颖而出。

鉴于此，要讨论企业的竞争战略问题就需要和顾客价值联系起来，构建基于顾客价值导向的企业战略体系。已有研究在这两方面的局限正是本书切入点和方向。

第二节　差异化战略研究综述

一　差异化概念及其内容研究

差异化概念的起源要追溯到张伯伦（Chamberlin，1933）对垄断性竞争的开创性研究。他在《垄断竞争理论》中指出，顾客对同一行业里的众多产品有自己的选择偏好①，这被认为是对差异化战略的最初表述。沿着这条研究思路，美国哈佛商学院教授迈克尔·波特（Porter，1980）提出了著名的一般竞争战略理论，并认为，有三种基本竞争战略：成本领先、差异化和目标集中战略。波特认为，差异化就是企业向顾客提供某种"独特性"的产品或服务。具体来说，企业可以通过设计产品或品牌形象、技术特点、外观特点、客户服务、经销网络等多个方面实现差异化战略。波特正式提出差异化战略的概念以后，有众多学者开始关注差异化的相关研究。德斯和戴维斯（Dess and Davis，1984）② 通过实证的方法验证了波特的竞争战略类型，并分别提出低成本领先和差异化战略的测量指标。米勒（Miller，1986）③ 提出，可以从两个方面实现差异化战略：创新和市场，该观点后来得到了部分学者的支持。但米勒的观点过于狭窄，此后，明茨伯格（Mintzberg，1988）④ 提出了一个更宽阔的概念，他将差异化战略划分为质量差异化、设计差异化、支持差异化、形象差异化、价格差异化和无差异化六个方面。明茨伯格的观点后来被 Kotha 和 Vadlamani（1995）⑤ 用实证的方法得以证实。菲利普·科特勒（Kotler，2002）⑥ 明确了差异化的性质，他指出，企业的差异化必须满足以下几个方面的特征：重要性、优越性、专有性、先占性、感知性、可支付性和可营利性。日本著名学者大前研一（2006）⑦ 在他的名著《差异化经营》中提出，所谓差异化主要源于两个方面：一是速度，尤其是在技术进步和消费者行为变化快到不能用"年"而必须用"季度"来衡量的背景下，企业的变化

---

① 周丰滨：《垄断竞争理论的比较研究》，《哈尔滨商业大学学报》（社会科学版）2003 年第 5 期。

② Dess, G. G., Davis, P. S., Porter's Generic Strategies As Determinants of Strategic Group Membership and Organizational Performance, *Academy of Management Journal*, Vol. 27, No. 9, 1984, pp. 468 – 480.

③ Miller, D., Configurations of Strategy and Structure：Towards A Synthesis, *Strategic Management Journal*, Vol. 7, No. 3, 1986, pp. 233 – 245.

④ Mintzberg, H., Generic Strategies：Toward A Comprehensive Framework, *Advances in Strategic Management*, No. 5, 1988, pp. 1 – 15.

⑤ Kotha, S. & Vadlamani, B., Assessing Generic Strategies：An Empirical Investigation of Two Competing Typologies in Discrete Manufacturing Industries, *Strategic Management Journal*, Vol. 16, No. 1, 1995, pp. 75 – 80.

⑥ 菲利普·科特勒、加里·阿姆斯特朗：《营销学导论》，华夏出版社 2002 年版，第 160—285 页。

⑦ 大前研一：《差异化经营》，房雪菲译，中信出版社 2006 年版，第 20—30 页。

速度要越快越好；二是内容，拥有自己独特的内容，或者解除顾客的烦恼并使其受益，这样才能在消费者那里获得认可和高度评价。郑兵云、陈圻（2011）在德斯和戴维斯（Dess and Davis）度量量表基础上，通过适当调整，提出 8 个差异化战略指标。

表 2 - 3　　　　　　　　　　　　差异化研究概述

作者	差异化及其内容
波特（1980）	差异化是企业为顾客提供的独特的产品或服务：设计或品牌形象差异化、技术特点差异化、外观特点差异化、客户服务差异化、经销网络差异化等
德斯和戴维斯（1984）	新产品开发、顾客服务、宽范围的产品、发展新产品、品牌识别、高价细分市场的产品、广告、声誉、营销技术和方法创新
米勒（Miller，1986）	差异化来源于创新差异化和市场差异化：市场能力、创造性、独特设计的产品、良好的声誉、良好的公司形象、良好的市场关系
明茨伯格（Mintzberg，1988）	差异化包括质量差异化、设计差异化、支持差异化、形象差异化、价格差异化和无差异化六个方面
科特勒（2002）	差异化必须满足以下特征：重要性、优越性、专有性、先占性、感知性、可支付性和可营利性
大前研一（2006）	差异化主要源于速度和内容两个方面
郑兵云、陈圻（2011）	差异化包括重视开拓新产品、重视高价细分市场的产品、重视企业产品品牌、重视广告、重视提供独特的产品、重视研发与自主创新、重视营销技术、重视分销渠道的控制

资料来源：本书整理而来。

二　差异化战略与企业绩效关系研究

企业竞争战略的本质是要使企业获得竞争优势。自波特的竞争战略提出以来，学术界就没有停止过对竞争战略与企业经营绩效关系的研究，其中研究比较多地集中在：成本领先战略和差异化战略到底哪一种更能为企业带来绩效？首先，波特本人对差异化和成本领先的关系是这样理解的：成本领先者尽管依赖成本领先获得的竞争优势，但必须在竞争对手差异化的基础上创造价值相等或价值近似的地位，以领先于产业平均收益水平（Porter，1985）。[①] 比如，美国西南航空公司通过向消费者提供简单配餐而且没有额外服务费的短程航线而有别于其竞争对手，在航空界被称为

---

① 迈克尔·波特：《竞争优势》，陈小悦译，华夏出版社 2005 年版，第 12 页。

"廉价航空公司"，其在美国其他航空公司申请破产保护的情况下，依然保持连续盈利，很明显，它的成本领先战略是基于差异化战略的基础之上的。美国西南航空公司的成功佐证了波特的理论，同时也掀起了更广泛的讨论。德斯和戴维斯（1984）通过实证的方法验证了波特的竞争战略类型，并且考察了差异化战略与用资产收益率和销售增长率表示的企业绩效存在正相关关系。米勒和弗里森（Miller and Friesen，1986）[1] 通过对消费品企业的实证研究发现，所调查的企业中，实施了差异化战略的企业要比没有实施差异化战略的企业具有较显著的绩效优势。金等（Kim et al.，2004）[2] 一直致力于竞争战略相关问题的研究，随着网络购物的兴起，他们结合已有的研究成果，对韩国75家电子商务网站进行实证研究，并通过因子分析、聚类分析等方法验证了波特的竞争战略在电子商务领域的适用性，同时得出结论：电子商务企业使用成本领先和差异化的混合战略对企业绩效的影响最显著。

国内也有学者研究差异化对企业经营绩效的影响，但文献较少。蔺雷、吴贵生（2007）[3] 专注于制造业服务差异化的研究，他们以2005年我国制造业大样本数据为调研对象，通过因子分析、结构方程等实证方法，验证了服务差异化对企业绩效的影响，研究发现，基于组织资源投入的服务质量差异化对企业绩效具有显著正向影响，服务差异化能有效增强制造企业的竞争力。刘雪峰（2007）[4] 的博士论文探讨了制造企业差异化战略与企业绩效的关系，研究结果表明，企业的创新差异化战略与市场差异化战略有利于企业绩效的提高，因此，制造企业从传统的靠廉价劳动力等资源投入的低成本领先战略向差异化战略的转型更有利于企业绩效的提高。郑兵云（2011）博士的研究团队长期关注竞争战略与企业绩效的问题，他们通过对239家企业进行的调查，实证检验了差异化战略对企业绩效有显著的正向直接影响。同时，差异化战略通过渐进创新和突破性创新对企业绩效产生间接影

①　Miller, D., Friesen, P. H., Porter's Generic Strategies and Performance: An Empirical Examination With America Data, *Organization Studies*, Vol. 7, No. 1, 1986, pp. 38 - 50.

②　Kim, E., Nam, D., Stimpert, J., Testing The Applicability of Porter's Generic Strategies In The Digital Age: A Study of Korean Cyber Malls, *Journal Bussiness Strategy*, Vol. 21, 2004, pp. 20 - 44.

③　蔺雷、吴贵生：《我国制造业服务增强差异化机制的实证研究》，《管理世界》2007年第6期。

④　刘雪峰：《网络嵌入性与差异化战略及企业绩效关系研究》，博士学位论文，浙江大学，2007年，第129—131页。

响，且间接影响比直接影响大，即创新是差异化战略对企业绩效的中介变量。

三　差异化战略研究述评

通过综览已有文献，我们发现：

第一，从研究行业看，已有差异化战略的相关研究更多集中在制造业等传统领域，对新兴行业关注较少，尽管有少数国外学者开始研究网络企业的战略选择及其绩效影响问题，但缺乏对在线旅游企业的个性关注。而在我国在线旅游企业竞争日益激烈的背景下，我们尚无法找出能够指导其进行竞争战略选择的理论。因此，本书通过实证的方法验证差异化与顾客价值的关系，差异化战略与在线旅游企业经营绩效的关系，从而构建基于顾客价值导向的在线旅游企业差异化实施策略，以期为引导我国在线旅游企业进行良性竞争提供理论支持。

第二，差异化与顾客价值的关系有待进一步探讨。能够体现顾客价值的差异化才是顾客想要的，这样的差异化也才能够为企业带来价值。那么，差异化如何影响顾客价值？什么样的差异化才能体现顾客价值？对顾客价值的深入理解又如何影响差异化的构建？这些是目前研究尚需解决的问题，也是本书试图解释的问题。

第三，差异化战略的构建策略问题。首先，差异化战略的实现路径应该具有明显的行业特性，制造业与旅游业肯定不同，旅游业与在线旅游业也会有差异，因此，要探讨差异化的实现路径，必须要以行业特性为基础。已有研究对在线旅游领域的关注不足，这正是本书需要突破的地方。其次，差异化并非不计成本，成功的差异化应该是在合理控制成本的基础之上实现的。因此，本书突破了以往对差异化和成本控制的"分离式"的理解，而要探讨在成本控制基础之上的在线旅游企业的差异化。

第三节　在线旅游企业战略研究综述

一　在线旅游行业发展研究综述

（一）国外在线旅游行业发展研究综述

旅游业是最早利用计算机技术实现产品销售的产业之一。早在20世纪70年代，美国一些旅游企业就建立了计算机预订系统（CRS）和全球分销系统（GDS），以此实现旅游产品和服务的分销（Hsien Tang Tsai and

Leo Huang，2005）。随着信息技术的发展和互联网的普及，互联网正引领全球经济进入信息经济时代，并改变着传统的商业规则和交易模式，在这种经济背景下，旅游企业纷纷借助信息技术千方百计地去寻找和顾客直接对话的方式，专家也普遍认为，旅游业采用电子商务发展空间巨大。事实上，在美国，通过在线购买旅游产品已经非常普及。根据 2003 年 Pho-CusWright[①] 年度旅游消费者趋势调查报告显示，大约有 3000 万人，几乎占 14% 的美国人口具有在线购买旅游产品的经历，而即使没有交易，也会浏览在线旅游网站来帮助他们做出旅游消费决策（PhoCusWright，2003）。[②] 旅游网站已成为网络用户浏览最频繁的网站类型之一（Zhou and Desantis，2005；Choi，Lehto，Oleary，2007）。

在线旅游企业的发展始于传统旅游企业的电子商务化过程，而又朝着更加专业化方向发展。以欧美的航空公司为例，一方面迫于成本的压力和竞争的需要；另一方面信息技术为企业提供了操作上的可能，众多传统的航空公司以此为契机纷纷建立了自销官网，通过电子商务实现产品销售。与之类似的是酒店业，在美国，大的酒店集团都建立了完善的官网销售平台，通过这个平台顾客可以预订到该酒店集团旗下分布在世界各地的酒店客房。这些旅游企业官网销售平台的建立，也培育了顾客通过在线购买旅游产品的习惯。尽管在国际范围内来讲，在线旅游企业官网发挥了旅游电子商务的重要职能，但是，在线旅游代理商却日益成为行业的主导力量，其中酒店和航空业更是如此（Dube and Renaghan，2000），它们以其专业化的职能发挥了旅游企业官网无法替代的作用：作为信息中介，在顾客与旅游企业之间传递信息；通过网络预订实现旅游产品销售和在线支付；向顾客提供高附加值的服务；针对顾客反馈向旅游企业提供发展建议。Chu（2001）和 Alamdari（2002）也认为，随着旅游市场的扩大和竞争的加剧，在线旅游代理商的职能已经从单纯的提供网络预订扩展到向顾客和旅游企业提供专业化的建议和咨询服务。专业化的在线旅游企业逐渐发展起来，它们的成功也吸引了更多的学者开始关注在线旅游企业的研究。金

---

① PhoCusWright 是全球旅游业的权威研究机构，通过提供独立的、权威性的、公正的研究成果，帮助旅游业决策者决策，其总部位于美国，并在德国和印度设有分支机构，同时在全球五大洲都拥有分析师。

② PhoCusWright，Inc.，"The PhoCusWright Consumer Travel Trends Survey"，2003 – 5 – 20，http：//www. phocuswright. com /resea – rch /products/？ p = 2168.

（Kim et al. , 2007）认为，在线旅游企业是那些公司收益主要来源于在线销售旅游产品的企业。这就和传统的旅游企业、混合型旅游企业（本身是传统旅游企业，但具有简单电子商务功能，且企业收益来源以传统业务为主）区别开来。希特维斯（Hitwise①，2013）则将在线旅游企业分为旅游中介、目的地及住宿、航空公司三大类，并进行了分类网站排名。

表 2 - 4　　　　　　　　2013 年美国在线旅游企业排名

旅游中介		目的地及住宿		航空公司	
排名	网站名称	排名	网站名称	排名	网站名称
1	Expedia	1	Tripadvisor	1	Southwest
2	Priceline. com	2	Hotels. com	2	Delta airline
3	Hotwire	3	Hilton Online	3	United Airlines
4	Obitz	4	Marriott	4	American Airlines
5	Travelocity	5	Booking. com	5	Jetblue Airways
6	Cheapoair	6	IHG Online	6	US Airways
7	Kayak	7	vrbo. com	7	Air Tran Airways
8	Yahoo! Travel	8	Carnival. com	8	Spirit Airlines
9	Bookingbuddy	9	Choice Hotels	9	Alaska Air
10	Onetravel. com	10	Disney World	10	Allegiant Air

资料来源：根据希特维斯 2012 年数据整理而来。

（二）国内在线旅游行业发展研究综述

我国在线旅游业的发展时间远远晚于西方国家，大概开始于 20 世纪 90 年代末，是伴随着信息技术的发展和互联网的普及而逐渐发展起来的，代表性的事件是 1997 年第一家旅游网站"华夏旅游网"的成立以及两年之后的第一家专业旅游代理商"携程网"的出现（李东，2011）。经过十余年的发展，我国在线旅游行业已经初具规模，并进入快速发展阶段（林德荣、郭晓琳，2008），学术界也开始从不同的角度来展开研究。在有关在线旅游的研究中，类似的称呼有旅游网站、旅游电子商务等，为了全面地了解我国对在线旅游的研究进展，笔者先后以"旅游网站"、"旅

---

① 希特维斯公司是一家全球性的在线竞争情报服务商，直接从 ISP 网络收集数据，通过分析网站访问者行为趋势来衡量网站的市场份额和发展前景。

游电子商务"、"在线旅游企业"为关键词在中国学术期刊网络出版总库和中国优秀硕士、博士论文全文数据库进行搜索，搜索年份为1998—2013年。搜索结果显示，以"旅游网站"为关键词的相关文献共计2556篇，研究主要侧重旅游网站的空间分布及其发展模式（张捷等，2004；路紫、樊莉莉，2005）、旅游网站功能的评价（谢彦君、鲍燕敏，2007）、旅游网站的消费者行为及其满意度分析（岑成德、梁婷，2007；关华、殷敏，2007）等方面；以"旅游电子商务"为关键词搜索到相关文献共计1401篇，主要涉及的研究方向是旅游电子商务发展的现状、问题及对策（杨丽，2001；刘广庆等，2004）、旅游电子商务发展及盈利模式（李舟，2005；李晶，2008）等；然后以"在线旅游企业"为关键词搜索到相关数量的文献共计15篇，不仅研究成果的数量明显少于对旅游网站和旅游电子商务的研究，而且研究质量也存在一定差距，研究并未呈现一定的规律性或方向性。

通过深读文献发现，虽然在线旅游企业和旅游网站、旅游电子商务的提法不同，但三者具有相似的概念范畴。之所以提法不同，第一，因为在线旅游企业在发展之初最明显的特点是其互联网的行业归属，因此，人们更倾向于用旅游网站来称呼此类企业。第二，随着电子商务的发展，人们已不仅仅通过互联网来了解和查阅旅游信息，而是通过在线的方式实现查询、购买、支付等一系列行为，真正把线下旅游搬到线上，使得旅游电子商务得以迅速发展。基于此，人们也习惯将提供在线旅游产品的企业叫作旅游电子商务。第三，随着在线旅游企业在旅游市场中发挥了越来越重要的作用、在线旅游的市场规模日益庞大、国内外先后出现了一批成功经营的在线旅游企业案例，原本人们印象中的网站具备了更为完整的企业形式，旅游网站的称呼显然有些不适时宜，这时，在线旅游企业的叫法逐渐普及。通过以上分析可以看出，从概念范畴和概念本质来讲，旅游网站、旅游电子商务和在线旅游企业具有相似性，但近几年学者们开始用在线旅游企业替代旅游网站和旅游电子商务的称呼。这种概念称谓的变革，一方面体现了时代发展的需要和研究者在与国外研究文献接触中的内容理解上的变化；另一方面，在线旅游的主要研究时间集中在2010年以后，这也说明了旅游业与信息技术结合下的产业模式的变化，而这种变化则代表在线旅游业已经发展为具有某种行业特征和盈利模式的社会经济体，它比泛化的概念更具有研究价值。

不管采用何种概念名称，国内外学者已经开始关注在线旅游及其相关领域，但从现有文献看，学者们对于在线旅游并没有进行概念性定义，而是普遍采用"内容＋范围"式的定义方法。基于此，通过浏览已有文献和对现有在线旅游企业进行深入观察，本书明确了在线旅游企业的概念范围。本书的在线旅游企业是指通过互联网或电话等方式向旅游消费者提供旅游产品或服务的查询、预订及支付的在线旅游服务商，包括传统线下旅游企业的官网、在线旅游中介代理商（OTA）、平台运营商、网络媒介和营销平台等。

二 在线旅游企业战略研究综述

由于在线旅游尚属于新兴行业，在我国更是如此，在线旅游行业的发展实践远远领先于理论探讨，已有研究缺乏方向性和系统性。笔者以"online travel"、"online travel agency"、"e - commerce of travel"、"e - business of travel"等关键词在 Elsevier 和 EBSCO 两大经济管理外文数据库进行文献搜索，时间跨度为 1997—2013 年，搜索到相关文献 1937 篇，但去除掉内容明显不符、单词分拆搜索导致的理解偏差等情况，共搜索到相关文献 509 篇；然后再以"strategy"、"online travel strategy"等关键词进一步搜索，仅有 13 篇相关文献。这说明，理论界对于在线旅游的相关研究还没有形成明确的方向和系统的观点，对在线旅游企业战略问题的研究还刚刚起步。通过深入阅读文献发现，虽然研究文献数量有限，但现有文献对在线旅游企业战略问题的研究具有以下特征：

（一）在线旅游企业商业模式问题研究

互联网的诞生改变了游戏规则和商业环境，尤其是一些成功的电子商务企业的出现催生了学术界对商业模式的研究。自此以后，有关商业模式与战略的关系问题就成了理论界探讨的焦点（Teece, 2010）。拉帕（Rappa, 2000）认为，商业模式的本质是企业价值创造的基本逻辑，即企业在一定的价值链或价值网络中如何向客户提供产品和服务，并获取利润。通俗地说，就是企业赚钱的方式，因此，商业模式最本质的特点是价值创造、经营系统（价值链或价值网）和企业的获利方式。具体到战略而言，波特（2001）在探讨互联网时代企业的战略时，提出了经营战略的六要素：正确的目标、价值主张、价值链、有所取舍、战略要素之间的匹配、战略方向的持续性等。如此看来，商业模式和企业战略在价值创造和经营系统等核心问题上具有一致性。莫里斯等（Morris et al. , 2003）认为商业模式是企业对战略方向、运营结构和经济逻辑等方面一系列具有内部关联性的变量进行定位和整合；而里卡特（Ricart，2010）指出，战略要对商业模式进行选择，而商业模式反映的是已经付诸实施的战略。因此，商业模式和企业战略之间具备互生的逻辑关系。

在线旅游企业和其他电子商务企业一样，对企业的商业模式高度依赖，它往往是关乎企业命运的重大问题（张敬伟、王迎军，2011），因此，学术界较多关注在线旅游企业的商业模式问题。奥尔福德（Alford，2000）探讨了旅游电子商务企业的商业模式问题，并指出旅游电子商务企业的 B2B 模式是旅游企业之间利用网络改进商业流程并对顾客实现价值增值的过程，而其将 B2C 模式分为两类：一类是旅游中介或旅游信息咨询网站，它们以加强点击率及流量促成网站中的购买率；另一种为线上拍卖，比如 Priceline.com。L. Huang 等（2006）探讨了我国台湾在线旅游企业的 B2B 模式。他指出，我国台湾和香港的旅游企业大多属于中小规模，通过企业与企业之间的联合，可以大大增强服务效率并降低运营成本，以此来实现可持续发展。近两年来，随着信息技术的进一步提高，基于某些技术优势而产生的商业模式也成为业界讨论的重点。互联网 Web 2.0 的使用，使得用户和旅游网站之间形成了双向沟通的过程，这也使得成千上万的顾客在网站上自动生成了关于酒店、旅游地和旅游服务等方面的评价，而这些评价信息成为影响其他顾客产生或取消购买行为的重要因素（Gretzel and Yoo，2008），这就是在线旅游的 UGC 模式（顾客生成内容模式）。Ye 等（2011）用实证的方法证实了 UGC 模式会对在线旅游企业的顾客点击率产生 10% 的增长和 5% 的销售额增长。在线旅游企业商业模式触及了顾客价值创造和盈利模式等关乎企业生存和发展命脉的问题，和企业战略具有相似的功能，是企业战略分析的一种新的工具，并为企业提供更多的战略选择。

（二）对顾客价值的关注

近年来，战略与商业模式创新研究领域逐渐出现关注顾客价值的研究动向，无论是传统战略研究中的价值链、价值网等理论工具，还是商业模式研究中对于价值创造逻辑的核心问题的阐述，都说明只有为顾客创造价值的企业才能实现自身价值，顾客价值研究已经成为动态环境下企业战略研究的重要部分。金等（2007）分析了 9 个影响顾客选择旅游网站的因素，分别是安全、好用、低价、有用的相关信息、页面的设计和展示、网速等 9 个因素可以在一次交易中完成所有旅游服务、预订灵活、分类选择等，并用因子分析法获得了三个因子：网页特性、用户友好和安全、低价；然后根据美国排名前 7 位的在线旅游网站的商业模式特点，绘制了美国在线旅游网站和顾客影响因素的感知图谱；结论指出在线旅游企业要知道顾客真正需要的是什么，要不断地在顾客的问题、建议甚至是抱怨中找到满足顾客需求的方向；而对于在线旅游企业而言，要通过精准的定位获得差异化的竞争优势，而不是陷入同质化的恶性竞争，比如 Priceline. com 专注于为顾客提供低价的旅游产品和服务，而 Expedia. com 则以良好的网站特性、友好的界面和安全性著称。Chiou 等（2011）设计了一个"五步式"在线旅游企业的战略评估框架，这个评估框架旨在为企业管理者提供一个检验在线旅游网站与其战略目标和策略是否匹配的方法。在这个战略评估框架中，作者通过实证方法得到了 4 个评价因子，其中最为重要的因子表述为"顾客关系"，涉及定制式服务、顾客需求的快速响应、顾客沟通、价值增值服务等 13 项与顾客价值有关的题项。相应的，如果在线旅游企业的战略目标是提高顾客满意度，那么就需要有对应的能创造顾客价值的策略和具体的实施方案。

（三）传统企业战略的移植

在线旅游企业作为新兴企业形态，具备一般企业的共性要素，某些在一般企业中经常使用的战略模式同样适用于在线旅游企业，即传统企业战略向在线旅游企业的移植，主要体现在两个方面。第一，关于在线旅游企业战略与竞争优势的关系研究。在线旅游对旅游业的发展产生了巨大的影响，Tsai 等（2005）以我国台湾地区在线旅游企业为研究背景，设计了三段式的在线旅游企业发展战略框架，旨在探讨在线旅游企业如何通过资源优势获得战略优势，进而获得绩效优势，最终构建了在线旅游企业的发展战略模式。第二，关于在线旅游企业战略联盟的问题研究。旅游企业战略联盟是旅游行业普遍采用的一种战略模式，一方面因为旅游行业包含吃、住、行、游、购、娱等多个要素，要素的联合便形成了面向消费者的整体旅游产品，而这种要素间的联合势必就会产生企业间的战略联盟；另一方面，很多中小型规模的旅游企业需要通过战略联盟的方式来降低运营成本和提高竞争优势。Huang（2006）探讨了在线旅游企业实行 B2B 战略联盟的必要性，他认为，这种战略联盟可以降低联盟成员的交易成本，并能够向消费者提供价值增值的产品和服务，以此来获得联盟的绩效优势。

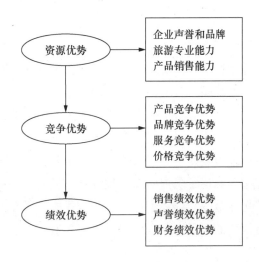

图 2 - 4　在线旅游企业发展战略模型

三　在线旅游企业战略研究述评

通过研究现有文献发现：

第一，从现有文献的内容来看，学者们普遍注重在线旅游企业在实施的战略中对顾客价值的关注，而这种关注往往与差异化战略联系在一起。Kim（2007）就强调随着在线旅游行业的竞争日益激烈，在线旅游企业应该明确自己的定位，而这种定位即是差异化的来源，他同时建议，对于后来加入的在线旅游企业不应盲目地效仿诸如 Expedia 和 Travelocity 等成功的企业，而是要走差异化的道路，比如可以通过专注于满足商务旅游者或休闲旅游者等某个特定群体的需求而获得竞争优势。

第二，现有研究并没有清楚回答在线旅游企业到底应该实施何种战略的问题。关于在线旅游企业战略的研究才刚刚起步，尚未形成明显的方向性和得出普适性的结论。虽然有学者开始意识到差异化更能体现在线旅游企业的顾客价值，但尚无实证结论来说明差异化与顾客价值的关系、差异化与在线旅游企业绩效的关系，以及基于顾客价值的差异化是否能够使在线旅游企业获得持续竞争优势。已有文献为本书的研究开辟了思路，但这些尚未回答的问题还有待进一步的探讨，这正是本书需要努力的方向。

本章小结

本章对与研究主题相关的文献进行了综述，主要涉及对顾客价值、差异化、在线旅游企业战略等领域的研究并进行了梳理和总结。在顾客价值的相关研究中，综述了顾客价值的含义、顾客价值的测量，并对顾客价值相关研究进行了述评。在差异化相关研究中，总结了差异化战略的内涵和差异化战略与企业绩效之间的关系，并对相关研究进行了述评。在在线旅游企业战略研究中，综述了国内外在线旅游行业发展研究现状，明确了本书中的在线旅游企业范围，综述了在线旅游企业战略研究内容，在此基础上，归纳了已有研究的不足，并提出本书的切入点。

第三章　在线旅游企业的差异化与顾客价值分析

第一节　在线旅游企业差异化分析

一　差异化的性质

差异化也称为标"歧"立异，是指在线旅游企业提供的产品或服务与竞争对手有明显区别，能够形成与众不同的特点，其核心是取得某种对顾客有价值的独特性（郑兵云等，2011）。[①] 具体来讲，差异化的性质表现在以下三个方面：

（一）差异化的前提和目的是为顾客创造价值

差异化诞生的初衷是企业为了在激烈的竞争中脱颖而出，通过差异化的产品、服务、广告、形象、品牌等要素区别于竞争对手，从而获得顾客的青睐，并使企业由此获利。而这里能够让顾客青睐的差异化必须是能够为他/她带来某种价值的东西，可以是独特的产品、优质的服务、鲜明而富有某种特点的品牌形象等。比如，顾客通过蚂蜂窝（www. mafengwo. cn）旅游网站，一方面可以获得世界各地旅游攻略的免费电子版资料，即产品价值；另一方面，还可以在网站上与来自各地的自助游爱好者共同交流心得和分享旅行过程中的乐趣，即情感价值。在线旅游企业的差异化必须以顾客价值为前提，要了解顾客真正需要的是什么，企业能通过什么样的方式满足顾客的需求。同时，顾客价值也是在线旅游企业差异化的目的。企业实施差异化不仅仅是为了能够获得短期利益，而是要获得持续盈

---

① 郑兵云、陈圻、李邃：《差异化战略对企业绩效的影响研究——基于创新的中介视角》，《科学学研究》2011 年第 9 期。

利的能力，而持续盈利能力的获得就需要不断地创新顾客价值。差异化势必意味着创新（Santos – Vijande et al.，2012）①，差异化是要为顾客创造独特的东西，而这种独特性的获得往往需要创新。差异化通过创新型的产品、卓越的品质和技术、差异化的品牌形象、优质的服务等顾客价值创造的方式来实现溢价收益（Li and Li，2008）。② 顾客价值是个动态的过程，会随着社会经济的变化而呈现不同的特点，这就需要在线旅游企业用持续创新的能力来满足顾客需求；而差异化与创新具有与生俱来的内在联系，通过创新建立的差异化能为顾客提供更多的价值，从而使企业产生持续竞争优势。

（二）差异化的核心是为顾客提供独特的产品与服务

差异化的核心是为顾客提供独特性的价值，这种"独特性"本身就意味着企业向顾客提供了有别于其竞争者的产品或服务，当这种"独特性"成功被顾客感知并对相应的产品或服务产生购买行为以后，便有了存在的意义。差异化意味着创新，在顾客需求越来越多元化的今天，创新更能够为顾客创造价值。实施了差异化的企业，通常会利用创新形成的不确定性和变化来规避低端竞争，迅速寻找市场中的新机会，并为自己的产品形成一个坚固的"市场壁垒"（李启华等，2000）。③ 由于创新往往是一个复杂的且相互作用的系统，它所形成的隐性知识不易被替代和模仿，作为信息技术依赖型的在线旅游企业，更容易借助技术的快速变迁实现基于技术支持的创新内容，因此也就更有条件为顾客提供有别于其他竞争对手的产品及更加细致的服务，从而为顾客创造独特的产品及服务价值。比如，同样是以在线酒店预订为主要产品的网站，有的致力于度假型酒店的在线预订，服务于高端度假游的顾客；有的则专注于经济型酒店领域，为广大的中低端商务顾客提供在线预订服务。由此可见，在线旅游企业实施差异化的本质就是要为顾客提供有差别的产品及服务，从而满足不同顾客的需求。

---

① Santos – Vijande, M. L. et al., How Organizational Learning Affects A Firm's Flexibility, Competitive Strategy, and Performance, *Journal of Business Research*, Vol. 65, 2012, pp. 1081 – 1082.

② Li, C. B., Li, J. J., Achieving Superior Financial Performance in China: Differentiation, Cost Leadership, or Both?, *Journal of International Marketing*, Vol. 16, No. 3, 2008, pp. 1 – 20.

③ 李启华、雷光龙、曾力勇：《企业差异化战略模型分析》，《湖南大学学报》（自然科学版）2000 年第 6 期。

（三）差异化的内容包括产品、成本、服务、情感差异化

关于差异化的来源最早可以追溯到 1933 年钱伯伦在《垄断竞争理论》中的表述，他认为差异化源于四个方面：产品物理性质的差异化；产品营销方式上的差异化；售后服务的差异化；产品的产地与销售地点上的差异化。波特（Porter，1980）则认为，企业可以通过设计产品或品牌形象、技术特点、外观特点、客户服务、经销网络等多个方面实现差异化，同时认为差异化并不意味着不计成本。米勒（1986）同样认为差异化与独特性之间具有紧密的联系，他认为差异化来自设计精美的产品、关于质量的美誉度、良好的公司形象及渠道合作关系，他将这些差异化划归为两大类：创新差异化和市场差异化。科特勒（Kotler，1997）认为，一切借用市场手段形成的差异化都叫作市场差异化，这种差异化的结果更多地表现在产品形象、企业形象、品牌形象等方面的差异化。而近年来，消费者由理性消费逐渐转变为感性消费，在购买某种商品时从单纯注重商品的外观、效用等有形要素转向更为看重商品的品牌价值、企业形象等无形要素，从用"好或不好"来判断商品转变为以"喜欢或不喜欢"来刻画商品。因此，现今企业差异化的来源应该更加多元化，所有能够创造顾客价值有形的、无形的要素都可以进行差异化，但由于行业性质的不同，企业差异化内容也表现迥异。比如服装行业，企业可以在服装本身的款式、衣料质地、品牌形象、会员制度等方面实现差异化，但对于在线旅游行业，企业更倾向于借助信息技术实现产品整合能力、便捷性、快速反应、交互体验等方面的独特性。综合而言，在线旅游企业的差异化包括产品差异化、服务差异化、成本差异化及情感差异化四个部分，且无论是哪一种差异化，前提都是以顾客为关注焦点。

二　差异化的优势分析

（一）差异化的优势

1. 差异化战略具有更好的环境适应性

战略的核心在于企业对环境的适应性，战略能够使企业通过明确外部环境中的机会与威胁，获得企业与环境的协同与适应（钱德勒，2002）。[①]只有与环境高度匹配的战略才能为企业带来高绩效。而在当今以技术和社

---

① 艾尔弗雷德·D. 钱德勒：《战略与结构》，孟昕译，云南人民出版社 2002 年版，第 5—15 页。

会需求快速变迁为特征的时代背景下，什么样的战略具有更好的环境适应性并为企业带来竞争优势，这是我们需要考量的问题。要回答这个问题，首先需要对环境进行深度扫描。当今社会，物质产品越来越丰富，人们的消费需求越来越多样化；除此之外，信息和互联网技术的快速进步，使得消费者具有更广泛的产品或服务的选择空间和选择方式，消费者的需求越来越个性化。在此背景下，那些难以适应快速变化的商业环境、无法及时准确地提供最切合顾客需求的产品或服务的企业终将被市场淘汰。IBM 在2004 年做过的一项关于"企业成功的要素"的全球调查，大部分 CEO 给出的答案是：差异化、快速反应和高效率（赵卫东、黄丽华，2011）。①对于在线旅游企业来说，差异化战略能够指导企业在快速变化的环境中寻找新的市场机会、规避恶性竞争、精确地确定企业的目标顾客，并向顾客提供独特的产品或以独特的方式向顾客提供产品。因此，差异化战略具有和环境持续匹配的能力。

2. 差异化战略具有更好的价值创造性

战略管理最关键的问题就是关注企业如何获取持续的竞争优势（Barney，1991；Wu，2010；Santos - Vijande，2012），它是企业通过独特的战略定位，在为顾客创造价值过程中获得竞争对手无法模仿和复制的持续利益（Porter，1980；Barney，1991）。虽然波特认为低成本和差异化都可以为企业带来竞争优势，但在变幻莫测的市场环境下，企业竞争优势的来源更多地依赖于企业持续地向顾客提供价值的能力，关于这一点，差异化显然比低成本更能满足顾客日益变化的需求，因此，差异化比低成本更能为企业带来超额利润和持续竞争优势。

差异化的核心是为顾客带来某种具有独特价值的东西，在顾客自我价值主张鲜明的时代，这种独特价值的获得更能让顾客产生高的满意度和忠诚度，而这种满意和忠诚也许是表现在产品或服务上，也可能升华到对品牌、企业价值和文化的认同上。Santos - Vijande 等（2012）研究了企业的竞争战略对顾客绩效的关系，通过实证检验说明，企业的差异化战略比低成本更能使顾客满意和忠诚，并对顾客价值增值、精确传递顾客需求、增强与顾客沟通、减少顾客抱怨、增强顾客对企业的形象感知等顾客绩效指标具有显著影响。当顾客感知到某个商品的独特价值，并从消费该商品中

---

① 赵卫东、黄丽华：《电子商务模式》，复旦大学出版社 2011 年版，第 21 页。

产生了满意或忠诚的情感效应，那么，顾客自然而言地就会将他的价值传递给企业，为企业带来持续的企业绩效。Santos - Vijande 等（2012）研究表明，差异化战略正向影响顾客绩效，而顾客绩效又显著影响用财务绩效（利润、市盈率、ROI）和市场绩效（销售量、市场占有率）度量的企业绩效。同时，在不考虑顾客绩效中介作用的情况下，差异化战略对企业绩效也存在直接的正向影响关系，而低成本战略与企业绩效的直接影响关系并不显著。

（二）差异化优势的形成机理

众多文献资料显示，差异化比低成本更能为企业带来持续的高绩效（Barney，1997；Danneels，2002；Hoskisson and Hitt，2008；鲁桂华等，2005），而差异化这种优势则来自差异化的收益大于差异化的成本，波特也强调，差异化并不是不计成本（Porter，1985），而要实现真正能为企业带来价值的差异化，必须以成本的合理控制为前提。因此，总体而言，企业差异化优势形成于差异化为顾客创造的价值，进而产生的企业价值以及企业对差异化成本的控制（熊胜绪，2009）。

1. 差异化收益的形成机理

差异化创造企业绩效是以创造顾客价值为基础的，进而由顾客为企业创造价值，实现企业绩效，这是一个双向流动的价值循环过程。因此，差异化形成的企业收益来源于差异化创造的顾客价值。对于在线旅游企业来讲，有以下三个方面：一是顾客满意产生的溢价支付意愿、较低的旅游产品退货率；二是顾客忠诚产生的重复购买意愿、推荐他人购买和对在线旅游企业品牌的偏好；三是与顾客良好沟通产生的顾客忠诚度维系及企业的持续改进。

第一，在线旅游企业差异化更容易把准消费者需求的脉搏，无论是对于产品或服务的功能属性，抑或是其社会或情感属性，只要差异化的产品或服务真正创造并创新了顾客价值，顾客就会满意，而这种满意的情绪最直接地表现在对于差异化产品或服务的创新价值部分的溢价购买意愿。同时，较高的满意度也表现在顾客极少对购买的产品或服务产生抱怨，或者即便是产品或服务有个别瑕疵的情况下，顾客也会以比较宽容的心态去接受，不会选择退换货。溢价支付意愿和较低的退货率是差异化收益的直接来源。比如，顾客在携程网（www.ctrip.com）预订酒店产品，携程网设计的预订流程里包含询问顾客是否有附加需求的信息，如果顾客在附加需求栏里说明有带小孩，那么网站就会和酒店说明，酒店就会在顾客入住的时候提供加床服务或者赠送小孩玩具。网站与旅游产品供应商之间信息的无缝对接，能够满足顾客多元化和个性化需求，并为顾客提供超值的价值体验，相应地，顾客也会源源不断地为企业创造价值。

第二，多项研究表明，顾客忠诚是顾客满意的直接结果（Heskett，Sasser and Schlesinger，1997），虽然顾客满意不一定会达到忠诚的高度（Fornell，1992），但是，多次性的满意一般会带来顾客忠诚（Oliver，1999）。弗林特等（Flint et al.，2011）研究表明，忠诚度比较高的顾客会具有明显的重复购买意愿，而且会自主地推荐他人购买，并且会在长期与企业的良好互动关系中形成一种对企业及其品牌的情感支持，这种情感支持外化为选择偏好，即对于其他同类产品不看、不关注，而只钟情于该品牌。为了证实这一点，本书浏览了主要在线旅游网站上的顾客评价信息，那些对所购买的旅游产品或服务满意的顾客，大多会留下"下次依然会光顾"、"已经是第二次来消费了"、"我会推荐我的朋友也来购买"等评语。由此可见，忠诚顾客确实会为企业创造更多的收益。差异化的价值创新性，顾客价值与顾客满意及顾客忠诚又具有正向影响关系（Flint et al.，2011），因此，顾客忠诚的三个表现内容分别是差异化的直接和间接收益来源。

第三，差异化注重与顾客的沟通。差异化的使命是为顾客创造价值，而要为顾客创造真正的价值，企业必须能够倾听顾客最真实的声音，掌握来自顾客本身的需求信息，这就需要差异化与顾客的沟通方式。比如，世界闻名的泰国东方大酒店，是酒店管理领域的榜样，它利用完善的顾客资源管理系统（CRM）和科学的酒店服务体系，向过生日的顾客寄送贺卡和鲜花，而不管这位客人是正在住店还是已经离店，而酒店在与客人长期良好的关系维系中，也深入了解了顾客不断变化的需求，因此有利于酒店在产品、服务及管理上的持续改进。差异化注重顾客沟通，虽然不会产生直接的利益，但是对企业获得持续竞争优势具有重要作用。在线旅游企业利用信息技术能够更好地实现顾客档案管理，并以此建立更人性化的与客沟通渠道，实现顾客在线咨询、产品推介、问题解决、会员关系维护等多项功能，从而能够更好地了解、满足顾客需求。

2. 差异化成本的控制机理

差异化往往意味着成本的增加，而一个成功的差异化应该能够合理控制成本。在现代社会，随着信息技术的应用，差异化也并非意味着成本的必然增加，通过一些新型技术，在线旅游企业完全可以在差异化的同时实现低成本。差异化成本的控制机理主要体现在四个方面：一是通过在线旅游企业差异化实现的专业化技术，可以提高效率，降低成本；二是信息技术的应用可以有效化解差异化的成本；三是从市场营销学范畴来讲，某些新型营销模式可以大幅度扩大市场，从而实现规模经济；四是信息技术条件下，颠覆了传统的顾客与企业的沟通模式，使得顾客更有效率地参与企业创新，从而转移企业创新成本。

第一，差异化的本质是与众不同和标"歧"立异，实施差异化战略的企业比一般企业更加注重对特定细分市场的关照，企业需要发挥各类资源优势来满足该市场的需求。在此过程中，企业便积累了相应的专业化技术。专业化技术的获得，一方面可以提高生产效率，从而改变收益与成本率之间的关系，降低生产成本；另一方面，专业化可以实现企业各类资源的最优化配置，从而降低运营成本。专注于旅游电子商务的携程旅游网，通过整合旅行服务机构、酒店、景区、交通等旅游商业生态链，解决了游客吃、住、行、游、购、娱的一体化旅行需求，降低了运营成本，实现了公司高速增长。

第二，现代信息技术的广泛应用可以大幅度提高效率，优化企业价值链，改善企业组织结构和业务流程，从而化解由于差异化产生的成本。在线旅游企业本身属于电子商务企业，基于信息和互联网技术的行业特质使企业在进行一系列内部活动时提高了信息流动的效率，使得企业的内部流程更加简洁和高效，组织结构趋于扁平。除此之外，电子商务是对电子商务系统创造价值的实际流程逻辑的一种描述，这种流程涉及更多的是参与电子商务合作伙伴之间的信息流、物流和资金流的关系[①]，是跨越组织边界的。因此，作为完全意义上的电子商务企业，在线旅游企业不仅使得企业自身的组织形式、业务流程等实现高效且能够节约成本，而且与顾客、供应商和合作伙伴的交互方式发送了很大变化，促进了企业价值链上下游之间的流程共享与相互协作。

第三，一些基于信息技术的新型营销模式能够以低廉的营销费用获得显著的市场效果，从而使企业实现规模经济。网络营销作为一种以互联网为主要手段的新型营销模式，以其低廉、高效的特点深受企业追捧，尤其

---

① 赵卫东、黄丽华：《电子商务模式》，复旦大学出版社2011年版，第74页。

是电子商务类企业。比如，2012年艺龙旅行网在腾讯QQ天气预报上投放了一则广告"艺龙旅行网提醒您，订酒店，到艺龙"，2013年该版面的广告投放者换成了去哪儿网，很显然，腾讯QQ以庞大的7.2亿的活跃用户数吸引了企业的关注，因为它能够以更快的速度、更高的触及率为企业传递信息。而一些智能信息技术的应用更使得企业的营销活动在悄无声息中就可以完成。比如电子商务推荐系统，它能够通过顾客的浏览记录、购物车、顾客评价及交易记录等数据为顾客推荐他可能喜欢的产品，从而能够有效地留住顾客、防止顾客流失并提高销售额。

第四，智能信息技术的应用为企业无限靠近顾客提供了可能，新型企业与顾客之间的沟通方式使企业能够听到顾客最真实的声音，从而更高效地满足顾客需求。比如，许多企业建立了自己的虚拟社区，在虚拟社区里，顾客可以分享购买产品的感受、可以相互交流，当然也可以给企业提供建议与反馈，而这种顾客自发形成的信息对企业来说是一笔无须付费的财富。

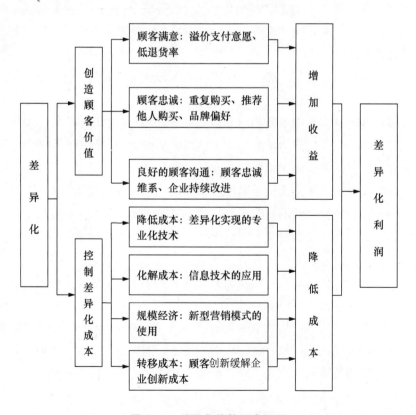

图3-1　差异化优势形成机理

在信息技术日益智能化的条件下，这种被颠覆了的沟通模式，使得顾客从原来的被动购买者变成了共同的生产者、顾客价值的共同创造者，顾客能够更有效率地参与企业创新，从而转移企业的创新成本。2006年成立并运营的在线旅游企业蚂蜂窝旅游网是一个相互协作、共同分享的旅游出行平台，网站通过UGC（User Generated Content，UGC）模式，实现旅游爱好者自发生成旅游线路、图片、游记、美食、购物等旅行信息，网站在此基础上经过整理便形成了丰富的旅游爱好者路书攻略，以此来吸引更多的用户加入，形成了独特的商业模式。

第二节　在线旅游企业的顾客价值分析

一　顾客价值的内涵

本书所讲的顾客价值指的是在特定情境下顾客对企业所提供的产品、服务等满足自身需求程度的感知、对在与企业交互中所形成的情感要素与自身价值观念匹配程度的评价，以及对满足的需求与付出的全部代价之间的权衡。顾客价值是一个综合概念，本书认为，顾客价值主要包括产品价值、成本价值、服务价值及情感价值四个方面。产品价值是顾客对企业所提供的产品功能、质量等满足自身需求程度的感知；成本价值是顾客为满足需求而付出的全部成本的"价值化"，即是指所付出货币、时间、交通等各项成本与所得利益等值或者超值的程度；服务价值是顾客对企业为促进产品价值形成而提供的一切服务活动的评价；情感价值反映了顾客对企业的品牌、社会形象的认知，以及顾客对企业为了争取顾客的价值认同而进行的各种情感联系活动的感知。

虽然学者已从不同角度阐述了顾客价值的组成，但需要说明的是，一方面，顾客价值本身具有行业特性，不同的行业提供不同的产品，满足不同的顾客需求，顾客价值也会呈现不同的内容。另一方面，在信息时代，顾客需求呈现出了异于以往的新特征，因此，基于顾客需求的顾客价值势必表现出不同的特点，我们有必要在已有研究基础上，通过深度解读当今顾客需求来分析顾客价值。在信息时代，顾客需求更加多样化和个性化，信息技术的进步，使企业与顾客之间的关系比以往任何时候都紧密，顾客需求的变化节奏与信息技术的变化同步，那些传统的企业往往很难适应如此快速变化的商业环境，因此也难以及时并准确地提供令顾客满意的产品或服务。而那些能够充分利用信息技术的企业，它们能够通过顾客的性别、年龄、交易频率、购买商品等信息识别出顾客的消费偏好和需求，从而进行有针对性的市场推介，将合适的产品销售给合适的顾客。

顾客需求的另外一种变化是顾客在消费中将融入更多的情感因素。现实消费证据表明，顾客获得的超额价值不是来自所购买的核心产品或服务，而是来自情感的体验。随着人们生活水平的提高，顾客的价值选择经历了理性消费—感觉消费—感情消费，顾客已经不满足于一件仅仅"好"的产品，更要强调这是一件令人"喜欢"的产品，而更多的时候，顾客会将个人感情带到消费中去，从消费中获得群体归属、社会地位体现、品牌价值等无形的价值体验。

鉴于以上分析，本书认为，在线旅游企业的顾客价值是一系列顾客价值的集合。顾客价值包括产品价值、成本价值、服务价值、情感价值四个核心维度，每个维度下面又有一系列子项目，在线旅游企业可通过对顾客价值中的各子项目施加力量来影响顾客满意度。

二　在线旅游企业的顾客价值分析

（一）产品价值分析

产品是顾客价值最为基本的来源，也是驱动顾客价值的重要因素（张明立，2007）。在线旅游企业的顾客消费的目的是要获得某种在线旅游产品的价值，因此，他首先会考量所购买的在线旅游产品是否能够满足其需要。一方面，满足顾客需要的在线旅游产品隐含着产品的特性、品种等属性特征，我们用功能属性来表示；另一方面，在线旅游产品价值还包括与产品本身有关的其他因素，比如产品的性能、可靠性、品质等，我们用产品质量来统一衡量。

1. 功能属性

是指产品本身所具有的功能，这是顾客价值中的基础价值，只有符合顾客需求的功能属性的产品才有可能被顾客选择，在此基础上顾客才会考虑价格、品牌等其他价值要素。比如，在线酒店产品满足顾客在线预订酒店的需求，而在线机票则为顾客提供旅行中的交通需求。

2. 产品质量

当一件在线旅游产品满足了顾客要求，顾客往往会考虑与产品本身有关的其他因素，比如产品的性能、可靠性、品质等，这些要素均属于产品质量的范畴，它是指产品或服务能够持续可靠发挥作用的能力。比如一位顾客想要在线预订出国旅游产品，目的地线路安排及跟目的地相关的吃、住、行等要素的整合产品是出国旅游产品的功能属性，在所有满足这些功能的在线出国旅游产品中，顾客进而会考虑不同产品的线路安排合理程度、相关要素的等级和品质等质量要素。

（二）成本价值分析

顾客价值是顾客利得与利失的权衡，顾客购买的产品、享受的服务等是顾客利得的表现；顾客为此支出的货币成本、时间成本等是利失的方面，即顾客所支出的成本。表面上来看，成本与顾客价值是反向的关系，但是如果换一种解读成本的角度就会发现，合理的价格、物超所值的价格不但不会增加顾客的感知成本，反而能够为顾客带来经济价值。具体来讲，成本价值可以表示为价格合理、物超所值及便利性三个方面。

1. 价格合理和物超所值

产品价格是一个相对的概念，它取决于产品所具有的效用价值和购买者本身的支付能力，价格的价值就表现在对于具有某种既定效用价值的产品或服务所能支付的最低成本。当顾客购买一件产品时，他会根据自身的购买经验和生活经验形成一个对该产品效用和价格比率的判断，然后结合自身的购买能力，感知该产品价格是否合理。如果顾客经过比较感觉所购买的产品和其为取得产品所支付的价格相当，那么，他就会认为产品的价格合理；而如果顾客经过比较和衡量，觉得在其愿意支付的价格水平下获得了很好的产品，那么，这就是物超所值，在这种情况下，顾客就会产生一种"占了便宜"的感觉。比如，目前我国酒店在线预订运营商推出了一些新型的酒店预订模式：酒店团购、酒店夜销、惠选酒店、尾房、C2B逆向选择酒店、Last minute 等，这些新型的模式通过整合酒店过剩资源，结合信息技术，能够使顾客花三星级的钱住五星级的酒店。因此，合理的价格和物超所值能够为顾客带来成本价值。

2. 便利性

便利性是随着新型电子商务企业的发展而逐渐被研究者关注的价值要素（Joo，2007），便利性意味着顾客能够很容易实现交易，从而降低甚至消除了原有的时间、交通、精力与体力等成本支出，为顾客实现卓越价值。比如，火车票订票官网 12306 上线以来，旅游者可以轻点鼠标实现网上买票，避免了到线下售票点排队和等候的麻烦，节约了时间和精力。

（三）服务价值分析

与服务性企业提供的服务产品不同，这里的服务指的是在线旅游企业提供的附加在产品上、与产品销售有关联活动的总称，它可以发生在产品销售之前、产品销售过程中、产品销售之后，其服务名称分别是售前服务、售中服务和售后服务。

1. 售前服务

主要包括在线旅游企业为促进顾客购买而进行的产品咨询、业务介绍等服务活动，服务价值主要体现在企业开展此类活动的深度和方式，比如有些在线旅游企业开通的 24 小时在线服务平台，可以在顾客消费之前就相关问题及时答疑解惑。售前服务驱动顾客价值还在于其主动性，即在顾客消费之前为便于顾客的未来购买行为而推出的服务项目。比如，携程旅行网会根据其会员以往消费记录为顾客分析、制作并推介未来消费产品，以最大限度地为顾客提供购买便利。

2. 售中服务

表示在销售过程中提供的附加服务，诸如记录顾客个性化的需求信息、回答顾客咨询、解决顾客的投诉、优化服务流程等。销售过程中提供的服务体现的是企业适时解决顾客问题的能力，服务水平较高不但会直接促进购买，而且还会增进顾客的满意度和忠诚度。比如，以在线旅行为主要产品的在线旅游企业会推出一系列在线旅游线路供顾客选择，如果一位顾客对某条旅游线路感兴趣，但基于个人偏好，他在网站所提供的线路的基础上自编了一套行程安排，并希望网站能够及时按照修改过的行程计划报价。这时，网站适时沟通平台的畅通性和员工的专业性就会决定为此类顾客服务的能力，服务提供的好坏将直接决定顾客的去留。

3. 售后服务

售后服务是在产品销售完成之后发生的服务活动，企业容易产生售后不作为的现象，相比前两者，售后服务更能为顾客带来价值。一般认为，针对有形产品，售后服务比较容易界定和操作，而事实上，越来越多的服务性行业也开始关注售后服务，比如在线旅游企业会根据顾客以往的交易记录询问顾客购后感受，并给予不同级别会员一系列优惠。另外，售后服务考验的是企业服务承诺的一贯性，企业良好的服务承诺应该贯穿于售前、售中、售后的每个环节，唯有如此，才能给顾客留下深刻的好印象。比如有些顾客在预订了在线旅游产品后，由于各种原因会取消或变更预订，在线旅游企业应该为顾客搭建方便取消或变更预订的平台，或者在接受顾客取消或变更预订的请求后一如既往地以良好的态度进行处理，表面上虽然企业交易额有损失，但却能够大大促进顾客满意度和对企业的信赖感，并使顾客产生后续消费。售后服务体现顾客价值还在于在线旅游企业在与顾客交互中的响应速度，越是能够以更快的速度解决顾客问题、满足顾客需求的企业越是能够获得顾客信赖，从而创造顾客价值。

（四）情感价值分析

当今社会，顾客的消费行为被注入更多的情感因素，顾客期待通过一系列消费行为寻求价值共鸣，情感价值在某种程度上比产品价值更能让顾客满意并达到忠诚，本书用品牌、企业形象、情感联系、社会价值、参与度等表示在线旅游企业顾客的情感价值。

1. 品牌

品牌是一个企业价值体系的浓缩，属于无形价值体系范畴。而无形价值往往又是有形价值累积到一定程度的结果，在个性极度宣扬的时代，顾客往往通过品牌价值特征来实现自我价值主张的目的。一个良好的品牌，蕴含着丰富的价值内容，它代表了企业的价值主张和产品的质量等级，使得顾客可以降低购买风险、增强购买自豪感，比如在众多提供在线机票预订的网站中，顾客往往会选择携程网（www.ctrip.com）、去哪儿网（www.qunar.com）等有较高品牌知名度的网站，以避免在线购买可能发生的信息泄露及支付安全问题。

2. 企业形象

企业形象是消费者对企业总体印象的主观感知，形象有好坏之分，好的企业形象一般外化为企业在社会责任方面的努力和行为，那些在社会责任方面有所作为的企业会给顾客留下值得信赖、质量过硬、认真负责的好印象。企业形象之所以会给顾客带来价值，是因为好的形象会满足顾客追求消费安全和消费信心的精神需求。以网络直销为主要销售渠道的七天连锁酒店官网（www.7daysinn.cn）在其网站的突出位置发布了七天连锁酒店捐献希望小学的数据信息，此举无疑会促进浏览网站的顾客产生购买行为。

3. 情感联系

以情感消费为特征的时代，顾客的消费过程融入了更多的情感内容。相应地，顾客也希望企业给予他们更多的关怀，情感联系就是表现这种关怀的价值活动。情感联系是在线旅游企业维护顾客关系的一系列活动，目的是增强顾客对企业的黏性，形成忠诚顾客。比如，在线旅游企业的会员管理制度，企业根据会员个性化资料给会员顾客提供最新产品信息、为顾客寄送生日贺卡等情感沟通活动，并会根据顾客会员级别给予顾客打折等价值回馈，这些情感联系活动让顾客感觉受到重视和尊重，从而增加顾客价值。

4. 社会价值

人是一切社会关系的总和，顾客的消费活动作为生活活动的一部分，更带有明显的社会性特征，比如一些顾客通过消费高端商品来彰显自己的社会地位，以此标示自身的身份特征和群体归属，获得社会价值。

5. 参与度

参与度是与个性彰显的消费时代特征相联系的，顾客希望在线旅游企业能够提供更符合其独特价值的东西，企业为了做到这一点，也会鼓励顾客参与企业创新，目的是借助顾客创新实现企业创新，并最终实现顾客满意。事实证明，顾客对于经由自身参与过的创新过程饱含更深的感情，以此过程实现的产品也更能满足顾客需求。

本章小结

本章首先分析了差异化的性质和优势，本书认为，差异化包含三个方面的性质，在此基础上分析了差异化优势的形成机理：差异化收益大于差异化成本时就形成了差异化的优势，本章进而深度分析了在线旅游企业差异化收益形成机理和差异化成本的控制机理。本章第二部分提出了顾客价值的内涵及其主要内容，并对在线旅游企业顾客价值进行了具体分析，提出了在线旅游企业顾客价值包含产品价值、成本价值、服务价值和情感价值四个方面，每个价值部分又包含一系列价值指标。

第四章 差异化与在线旅游企业经营绩效关系的理论分析

本章根据第三章对于差异化和顾客价值的分析，明确了差异化影响顾客价值的内在机理就是差异化在对顾客价值施加影响的过程中为顾客创造的总价值，提出了产品价值、成本价值、服务价值和情感价值四个顾客价值维度；同时明确了差异化具有使企业获取收益和控制成本的能力。那么，顾客价值导向的差异化对企业经营绩效是否有影响及其影响机理是什么，还需要进一步分析和验证。基于此，本章将对顾客价值导向的差异化与企业经营绩效的关系进行理论分析，并提出研究假设，然后构建理论模型。

第一节 理论模型构建

一 在线旅游企业差异化对顾客价值的影响

波特（Porter，2003）认为，企业的差异化形成于对企业价值链的任何部分施加的作用，且成功的差异化强调企业价值链各个活动之间的相互协调。以此类推，本书认为，当我们把差异化的作用力施加在顾客价值构成的任何部分，顾客总体价值都会发生正向变化，且如果该作用力产生使顾客价值各部分协调共生的施力效能，那么顾客总体价值会发生成倍的正向变化。因此，差异化影响顾客价值的内在机理，就是差异化在对顾客价值各部分施加影响的过程中为顾客创造的总价值，创造价值的多少则取决于企业差异化作用于顾客价值的方式。

斯莱特和纳沃（Slater and Narver，1994）指出，要为顾客持续创造卓越的价值，需要企业理解顾客的整个价值获得过程，包括价值的现状和未来发展趋势。顾客价值构成本质上来讲就是顾客众多需求的系统化，它呈现一定的层次性，各需求之间又具有内在的联系。顾客价值的每一部分以递进式的关系相互连接，企业要想对顾客价值各部分施加影响，必须能够理解顾客价值的这种内在联系，并对其施以相应的差异化作用力，这样才能获得更大的价值收益。

（一）产品差异化是顾客价值的基础

产品（包含有形产品和服务性产品）的功能是顾客购买用以满足自身某种需求、实现价值的基础，尽管诸如品牌等情感价值因素在现阶段顾客价值中发挥着越来越重要的作用，但是，产品本身价值的基础地位无可撼动，因为没有产品，其他价值将无从谈起。因此，要提升顾客价值，产品差异化是基础的作用力。

首先，产品功能创新能为顾客创造价值。差异化是创新的产物，差异化必然意味着创新，而产品创新往往位居创新首位。当企业为顾客提供一种功能上独具特色的产品，且这种功能上的差异又以顾客需求为出发点，这必然实现顾客的价值创造。比如，腾讯推出的微信软件，是一款应用于智能手机的免费即时通信服务聊天软件，除文字信息之外，还能够发送语音短信、视频、图片等多模式信息，也可以使用通过共享流媒体内容的资料和基于位置的社交插件"摇一摇"、"漂流瓶"等，从而实现社交功能，在整体功能上比手机版 QQ 软件智能很多，一经推出就广受好评，截至 2013 年 1 月注册用户量已经突破 3 亿，是亚洲地区拥有最大用户群体的移动即时通信软件。①

其次，产品质量差异化能提升顾客价值。质量是产品的一部分，当产品的同质化问题突出时，在质量上进行差异化可以使本企业产品有别于竞争对手的产品，从而加大市场辨识度。同类型的产品中，优质的产品更能为顾客创造价值，它意味着产品具有更安全、更耐用、更周到或更高端等顾客需求特质。比如，很多在线旅游网站都有在线景区门票的产品，且同一个景区的门票会放在不同的网站进行销售，销售价格也相差无几，面对这种产品本身毫无差异的情况，顾客选择哪一家购买其实带有很大的随意性和不确定性。但是，如果有一家在线旅游网站观察到这种状况，并能在提供基本景区门票产品的同时，能够附加诸如"景区浏览最佳线路图"、

---

① 腾讯科技:《腾讯微信用户量突破 3 亿》，http://tech.qq.com/a/20130115/000179.htm，2013 年 1 月 15 日。

"景区特色介绍"等内容，则会大大满足顾客的需求，从而更能促进顾客的购买意愿。

（二）成本差异化会直接影响顾客价值

差异化的价值意味着差异化的成本，真正成功的差异化产生于为顾客创造独特价值的能力和控制差异化成本的能力，那种不计成本的差异化终将因无法实现顾客价值而被市场淘汰。对于顾客而言，成本支出，包括货币成本、时间成本、交通成本、精力成本等是顾客感知最客观、对顾客购买产生最直接影响的因素，因为顾客价值本质上讲就是顾客利得与利失的权衡，只有当差异化的收益大于差异化成本的时候，顾客价值才能实现。因此，企业成本差异化可以对顾客价值产生直接影响。成本差异化不等于绝对的低成本，盲目追求低成本甚至不惜以价格战换取顾客的行为并不能持续创造顾客价值；相反，这种低成本的差异化会导致企业最终无力负担而不得不采取偷工减料、"挂羊头卖狗肉"、虚假宣传等恶劣行为，最后受伤害的还是消费者。因此，真正的成本差异化是在增加顾客感知利得基础上的合理顾客感知利失。

第一，差异化成本的控制能实现产品价格的合理水平。产品及服务的价格是其价值的货币化形式，当顾客感知价值超过其外化价格时，顾客就会觉得产品比较便宜，价格实惠；相反，当顾客感知价值低于其价格时，顾客就会觉得东西卖得贵。顾客之所以有这种比较，是因为他心中存在对某个商品价格判断的参照系，参照系来自顾客以往的消费经验、生活经验及其他替代品的价格。当顾客感知产品价值比较高，而其价格在顾客可接受的合理范围之内，那么，顾客会觉得交易比较划算，成本支出反补价值，顾客感知价值被提升。因此，企业差异化的基本思路是通过控制差异化成本，实现价格的合理水平，从而为顾客创造价值。

第二，差异化与低成本的耦合能为顾客创造超值价值。尽管波特认为实施差异化战略意味着成本的增加，差异化和成本领先不可兼得，试图同时寻求两种战略的企业容易陷入"夹在中间"的尴尬境地[①]，但诸如像美国西南航空公司、戴尔公司以及我国经济型酒店经营成功的案例表明，成本领先与差异化具有融合的可能，该观点也得到了国内外众多学者的支持（Eonsoo，2004；周小虎、陈传明，2004；曾凡琴、霍国庆，2006）。之所

---

① 迈克尔·波特：《竞争战略》，陈小悦译，华夏出版社2005年版，第33—45页。

以差异化和成本领先的融合具有实践和理论上的支持，主要是因为以信息技术和顾客需求变迁为特征的时代背景为两者的融合提供了条件。首先，企业利用信息技术可以根本性地改善企业业务流程，并能够实现快速响应、个性化定制式服务，实现低成本和差异化优势兼得。其次，信息技术的介入，使得以专业化和规范化为特征的成本领先型组织结构和以扁平化和制度柔性为特征的差异化的组织结构能够兼容，比如事业部制组织结构，可以在事业部整体实施低成本战略，而在各分部实施差异化战略。再次，以往纯粹的差异化和低成本往往将顾客需求置于"非黑即白"的极端假设之中，认为差异化面对的是价值敏感性顾客，低成本面对的是价格敏感型的顾客，而随着顾客需求多元化的发展，处于价值和价格双向敏感状态的顾客越来越普遍，顾客需求的变化为企业实施差异化和低成本的融合战略提供了动力。既然在新时代背景下，差异化和低成本战略具有融合条件，那么，企业通过两种战略的融合，一方面，为顾客提供差别化的产品，满足顾客追求新、奇、特的需求；另一方面，借用信息技术手段，实现差异化基础上的成本控制，满足顾客对低价的需求，从而为顾客创造超值的价值体验。

（三）服务差异化能再造顾客价值

服务伴随产品从企业到顾客的所有过程，产品是顾客价值创造的主角，虽然服务在顾客价值创造过程中扮演了辅助角色，但良好的服务会产生价值再造的作用。鲁桂华等（2005）研究就表明，通过提供差异化服务来延伸实体产品的差异化，可以规避由于产品趋同造成的价格竞争和由此造成的盈利水平下降，从而使企业获得持续竞争优势。服务是使企业与顾客无缝衔接的力量，尽管有些服务项目并非不可或缺，但缺少必要的服务项目会导致企业信息传递不到位，甚至失真，顾客价值无法实现；反之，精准的售前服务、细致的售中服务以及周到的售后服务会成为产品价值创造的一部分，并在产品价值的基础上进一步增加顾客价值。同时，当企业向顾客提供了令其不满意的产品或服务后，顾客会产生抱怨、投诉的行为，此时顾客很容易流失。但良好的服务可以扭转由于产品问题造成的顾客不满意的局面，使企业变被动为主动，不但不会流失顾客，而且会重建顾客满意与忠诚，这就是服务的补救功能，它实现了顾客的价值再造。

改善产品或服务提供的便利性也能创造顾客价值。便利性是接近顾客最有效的方式，企业通过提供基于时间的便利、基于空间的便利、基于物流的便利等差异化方式来提高顾客价值。比如一个24小时营业的药店对夜间急需购买药品的顾客来说就是时间上的便利；菜农用"直通车"方式到一个购物不方便的小区卖菜，对小区住户来说就实现了空间上的便利；而目前类似于京东"早上订货，下午收货"的电商物流模式，为顾客购物提供了物流便利。企业在便利性上的差异化使企业更加靠近顾客需求，能够为顾客创造更大的价值。

（四）情感价值差异化能持续顾客价值

《心理学大辞典》对"情感"的解释是：情感是人对客观事物是否满足自己需要而产生的态度体验。该定义解释了两个主要的问题：一是情感是作为主体的人对客观事物价值的主观反应，价值是情感的核心内容，情感的变化以价值为基础，并围绕价值上下波动；二是情感强调了人对客观事物价值的主观态度，既然是态度，它就会外化为喜欢、讨厌、愉快、信任等情绪。价值作为情感产生的核心内容表现在人的价值判断与事物的价值之间的关系，当两者之间呈现一致的关系时，人就会产生正向的情感；反之则不然。因为事关价值的协同问题，所以情感的建立不是一朝一夕的事，但情感一旦建立就具有相对的持久性。正是因为情感的这种特性，企业可以通过实施情感差异化来建立企业与顾客之间持续的情感联系。

第一，企业品牌和形象的差异化能提升顾客价值。品牌是企业价值的抽象化，它包含某种价值思想，并通过企业名称、商标等外化方式，辅以广告等市场营销手段向目标受众进行传递。当顾客能够正确解读并认同企业的价值思想时，顾客价值与企业价值就形成了价值协同，顾客会建立对企业品牌的喜欢、忠诚或偏爱的正向情感。比如著名的运动品牌耐克，它的产品理念是"just do it"，并借助体育名人进行理念推广，突出了耐克的时尚、动感、年轻、永不服输的运动精神，耐克品牌理念与体育爱好者的情感诉求不谋而合，因此广受青睐。

当今时代，顾客更愿意与具有良好社会声誉的企业建立联系，那些具有环保意识、人文关怀的企业越来越受到追捧。这种现象符合当今人们日益形成的生态伦理价值观，企业形象创造顾客价值归根结底是源于企业价值观与顾客价值观的匹配和统一。

第二，企业与顾客建立多渠道的情感联系与互动能创造顾客价值。企业可以借助顾客资源管理（Customer Resource Management，CRM）等信息管理手段实现顾客管理。良好的顾客管理是维系企业与顾客情感联系的基础。同时，通过顾客情感联系工作的细致化和制度化设计持续创造顾客价值。

顾客参与是企业与顾客互动的重要方式。顾客参与企业产品创新过程能够大大提高顾客对企业的价值认知和情感归属。顾客参与企业创新虽然对企业大有裨益，但是这需要企业为顾客提供参与创新的渠道和平台。而恰恰像在线旅游网站这类互联网性质的企业因为信息技术的作用，可以非常容易地为顾客提供这种参与平台。因此，企业借助信息技术创造顾客参与企业创新的机会、设计顾客参与的模式、利用顾客参与创新的成果、持续改进企业产品，使顾客在参与创新中实现自我价值主张的宣扬，从而获得顾客情感价值。

第三，企业彰显产品的社会属性也能创造顾客价值。（1）通过突出产品的社会功能体现产品的某种社会价值，比如，产品的商务功能、社交功能等；（2）通过突出产品的使用主体来体现消费该产品顾客的某种社会归属，比如，产品的使用对象主要是老年人、女性白领等；（3）通过突出产品的社会地位来满足顾客对社会层级归属的心理需求，比如，产品属于世界一流品牌、公众人物推荐产品等。

基于以上分析，本书提出以下假设：

假设 H1：差异化对顾客感知到的产品价值具有正向影响。

假设 H2：差异化对顾客感知到的成本价值具有正向影响。

假设 H3：差异化对顾客感知到的服务价值具有正向影响。

假设 H4：差异化对顾客感知到的情感价值具有正向影响。

二　顾客价值与在线旅游企业经营绩效的关系

学者对顾客价值开展的已有实证研究包含顾客价值前因、顾客价值的中介作用及顾客价值的结果，而企业经营绩效是顾客价值最直接的结果（Ulaga and Eggert, 2002）。顾客感知价值高的产品或服务往往更能使顾客满意，并使顾客忠诚于企业的品牌，进而为企业带来更高的销售量、更低的管理成本和更高的利润（Reichheld, 1996）。能够为顾客带来价值的产品或服务就会使顾客产生愉悦、开心的满意情绪，而多次的顾客满意就会达到顾客忠诚，忠诚顾客对企业的理念、品牌、形象高度认同和满意，更愿意为产品或服务支付高价、推荐他人购买，从而增加企业经营绩效（Homburg et al., 2005）。大量实证研究表明，顾客价值对顾客满意和顾客忠诚具有正向影响作用（Lam et al., 2004; Spiteri and Dion, 2004）。

关于这一点可以用一个几乎已成为市场定律的观点加以解释，即发展新顾客的成本是维持相同数量老顾客成本的 5—10 倍（Slater and Narver，2000），因此，越来越多的公司开始重视顾客满意和顾客忠诚，并通过对顾客满意和忠诚的管理来获得竞争优势。当企业提供更能体现顾客价值的产品或服务时，顾客不仅会为企业贡献交易产生的当次财务绩效，更重要的是会对企业持续关注并形成忠诚（Anderson et al.，1994）。Dresner 和 Xu（1995）通过对航空公司的实证研究，发现三个顾客服务项目（行李、售票、准点率）正向影响顾客满意，进而影响企业经营绩效。有些学者研究发现产品或服务的质量对企业经营绩效具有正向影响作用（Bahakus et al.，2004；Yee et al.，2010；Agus and Hassan，2011）。尽管在传统的质量研究模型中，产品质量会增加顾客满意度，但 Iacobucci 等（1994）认为，应该将传统的质量模型加以修正，修正后的模型要加上成本因素，这样在顾客评价产品时能够考虑他们买到的东西是否物有所值，尤其在顾客需求迅速变迁的市场环境下，成本控制被证明能够正向影响顾客价值，进而影响企业经营绩效（Santos－Vijande，2012）。Spiteri 和 Dion（2004）在研究医药行业的顾客价值、顾客满意度、顾客忠诚度和市场绩效关系的文章中，构建了顾客感知产品价值、感知战略价值、感知情感价值及感知成本与企业经营绩效关系的理论模型，并通过实证方法证明顾客价值正向影响企业经营绩效。尽管理论界尚未对在线旅游企业的顾客价值与企业经营绩效之间的关系进行实证检验，但事实上，顾客价值是企业经营的目标，不能满足顾客需求的企业将无法立足。相对应地，企业顾客价值塑造的过程也是企业绩效实现的过程（杜伟，2011）。基于以上分析，本书提出以下假设：

假设 H5：顾客感知产品价值对企业经营绩效具有正向影响。

假设 H6：顾客感知成本价值对企业经营绩效具有正向影响。

假设 H7：顾客感知服务价值对企业经营绩效具有正向影响。

假设 H8：顾客感知情感价值对企业经营绩效具有正向影响。

三　差异化对在线旅游企业经营绩效的直接影响

自波特（1980）提出差异化战略，并详细论述了差异化战略优势以来，有关差异化战略与企业经营绩效的关系就一直是战略管理学术研究关注的焦点，研究最初是探讨差异化与企业经营绩效的直接关系。比如，在较早时期德斯和戴维斯（1984）通过与学者和企业 CEO 座谈的方法得出了竞争战略的度量量表，并用因子分析、聚类分析的数据统计分析方法验证了波特的竞争战略类型，最后考察了差异化战略和低成本战略与用资产收益率和销售增长率表示的企业绩效存在正相关关系。而至于低成本和差异化到底哪一种战略更能为企业创造绩效，这一直是学术界讨论的热点，且得出了不同的结论。随着信息技术和网络经济的发展，学术界开始发现差异化和低成本不一定必须是"有你没我"，信息技术为两者的融合创造了条件。金等（2004）在竞争战略相关问题的研究中成果丰硕，随着网络购物的兴起，他们将竞争战略研究与电子商务行业结合起来，通过对韩国 75 家电子商务网站进行实证研究，并通过因子分析、聚类分析等方法验证了波特的竞争战略在电子商务领域的适用性，同时得出结论：电子商务企业使用成本领先和差异化的混合战略对企业绩效的影响最显著。事实上，以信息技术和互联网技术为代表的技术创新带动了商业模式的创新，颠覆了价值创造的逻辑，从而使得企业在实施差异化战略的同时可以控制成本，显然这样的差异化更能为企业创造绩效。基于以上分析，本书提出以下假设：

假设 H9：差异化战略对企业经营绩效具有正向影响。

四　顾客价值的中介作用分析

随着社会的变革和市场环境的变化，人们越来越发现差异化战略影响企业经营绩效的方式不是那么简单，不能仅仅用有或无的方式来解答两者的关系，而应该深入了解差异化影响企业经营绩效的内在机理，就类似存在一个看不见的"黑箱"[1]，需要我们去揭开它。于是学者们通过引入各类中介变量探索差异化战略影响企业经营绩效的过程。Santos – Vijande 等（2012）在对竞争战略和企业绩效关系的研究中，引入了一个中介变量——顾客绩效。顾客绩效是企业有效满足顾客并发展忠诚顾客的能力。研究认为，实施差异化战略的企业更具备有效满足顾客并发展忠诚顾客的能力，而这种能力最终将与企业经营绩效相联系。另外一个广受关注的中介变量是创新，学者们认为，差异化势必意味着创新（Kaleka, A. and Berthon P., 2006），而创新又显著影响企业绩效（Hult et al., 2004；Mavondo, F. T. et al., 2005；Akgun A. E. et al., 2007；郑兵云，2011），因此，差异

---

① 郑兵云：《我国制造企业竞争战略对企业绩效的影响机制研究》，博士学位论文，南京航空航天大学，2011 年，第 30 页。

化战略通过创新正向影响企业经营绩效。由于以往竞争战略关注的焦点是"如何比竞争对手做得更好",因此很少将竞争战略研究和根植于市场营销领域里的顾客价值联系起来。然而,随着顾客价值在企业经营绩效中的作用的凸显,人们意识到,只有为顾客提供差异化的产品和服务,才能创造独特的顾客价值,企业才有成长的机会,否则只会使企业陷入产品和服务彼此相似、导致无休止的恶性竞争。因此,基于顾客价值导向的差异化更能为企业创造经营绩效。基于以上分析,本书提出以下假设:

假设 H10:顾客感知产品价值在差异化和企业经营绩效之间起中介作用。

假设 H11:顾客感知成本价值在差异化和企业经营绩效之间起中介作用。

假设 H12:顾客感知服务价值在差异化和企业经营绩效之间起中介作用。

假设 H13:顾客感知情感价值在差异化和企业经营绩效之间起中介作用。

第二节　概念模型与假设小结

随着市场竞争的日益激烈,企业从单纯地关注市场转移到关注对顾客价值的创造,只有创造了顾客价值,顾客才能向企业传递价值,企业才能获利。虽然顾客价值一直以来是市场营销学研究的范畴(白长虹,2001),但在激烈的竞争环境下,单纯依靠市场策略的改变来提高顾客价值显然已经不够,企业更需要做的是从战略角度来思考采取怎样的战略才能更好地创造顾客价值。差异化战略的核心是为顾客提供独特的价值体验,在差异化战略思想下,既可以实现顾客对于差异化的产品及服务的追求,又可以满足顾客对于品牌认同、价值共鸣、情感联系等多方面的情感诉求。尤其是在顾客需求越来越多元化和个性化的消费背景下,差异化更容易与顾客需求匹配,因此,差异化更能够创造顾客价值。基于此,本书以在线旅游企业为研究对象,构建了"差异化—顾客价值—在线旅游企业经营绩效"关系的理论模型,用以揭示在线旅游企业实施顾客价值导向的差异化对企业经营绩效的影响关系(见图 4-1)。

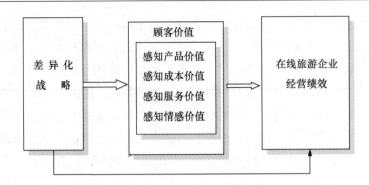

图 4 - 1　顾客价值导向的差异化对企业经营绩效影响的理论模型

　　该理论模型分为四个部分，第一部分是差异化战略对顾客价值的直接影响，包括差异化战略对顾客感知产品价值的影响、对顾客感知成本价值的影响、对顾客感知服务价值的影响和对顾客感知情感价值的影响；第二部分是顾客价值对在线旅游企业经营绩效的影响，包括顾客感知产品价值对在线旅游企业经营绩效的影响、顾客感知成本价值对在线旅游企业经营绩效的影响、顾客感知服务价值对在线旅游企业经营绩效的影响及顾客感知情感价值对在线旅游企业经营绩效的影响；第三部分是差异化对在线旅游企业经营绩效的直接影响；第四部分是顾客价值各维度在差异化战略与在线旅游企业经营绩效之间的中介作用。

表 4 - 1　　　　　　　　　　　　**本书理论假设汇总**

假设编号	假设内容
假设 H1	差异化对顾客感知到的产品价值具有正向影响
假设 H2	差异化对顾客感知到的成本价值具有正向影响
假设 H3	差异化对顾客感知到的服务价值具有正向影响
假设 H4	差异化对顾客感知到的情感价值具有正向影响
假设 H5	顾客感知到的产品价值对企业经营绩效具有正向影响
假设 H6	顾客感知到的成本价值对企业经营绩效具有正向影响
假设 H7	顾客感知到的服务价值对企业经营绩效具有正向影响
假设 H8	顾客感知到的情感价值对企业经营绩效具有正向影响
假设 H9	差异化战略对企业经营绩效具有正向影响
假设 H10	顾客感知到的产品价值在差异化战略和企业经营绩效之间起中介作用
假设 H11	顾客感知到的成本价值在差异化战略和企业经营绩效之间起中介作用
假设 H12	顾客感知到的服务价值在差异化战略和企业经营绩效之间起中介作用
假设 H13	顾客感知到的情感价值在差异化战略和企业经营绩效之间起中介作用

本章小节

基于以上理论分析，本书共提出 13 个假设，包括差异化和顾客价值的关系、顾客价值和在线旅游企业经营绩效的关系、差异化和在线旅游企业经营绩效的关系以及顾客价值在差异化战略和在线旅游企业经营绩效之间的中介作用。

本书试图探讨基于顾客价值差异化战略对在线旅游企业经营绩效的影响机理，这需要事先验证两个问题：第一，企业实施差异化战略能够更好地创造顾客价值；第二，只有创造了顾客价值差异化才能更好地创造企业经营绩效。鉴于此，本书结合前文对顾客价值的讨论结果，将顾客价值表示为产品价值、成本价值、服务价值和情感价值的组合，并提出差异化战略正向影响产品价值、成本价值、服务价值和情感价值；四个顾客价值维度又正向影响企业经营绩效并在差异化战略和企业经营绩效之间起中介作用。

第五章　差异化与在线旅游企业经营绩效关系的实证分析

本章对第四章构建的理论模型和研究假设，采用国内外已开发量表和专家访谈相结合的方法，并根据研究目的加以修改，来设计调查问卷的测量指标和题项，并选取一定数量的调查样本，收集数据，借助统计分析工具 SPSS，进行数据的描述性统计和测量的信度、效度分析，然后通过结构方程模型软件 AMOS 对顾客价值导向的差异化战略对在线旅游企业经营绩效的影响机制理论模型及研究假设进行验证与分析。

第一节　研究设计

一　量表设计

由于本书所需要的部分数据不能从公开资料中获得，因此，本书采用问卷调查方式来获取数据。问卷设计是对问卷内容的合理安排，不同的理论依据和研究目的决定了问卷题项的内容、安排及其构成。在设计问卷之前，需要明确问卷中将要调查的变量、问卷中变量之间的关系以及问卷中变量的结构。[①] 为了使量表题项更能体现本书的目的，本书量表开发采取如下程序：（1）通过文献回顾搜集变量度量题项；（2）邀请企业界、学术界专家和在线旅游产品消费顾客对相应的题项进行讨论和修改；（3）结合已有文献量表和专家讨论结果，再进行字句斟酌和修改，确定初步测量题项；（4）通过预测试对初步测量题项进行纯化，确定最终的调查问卷。

---

① 陈晓萍、徐淑英、樊景立：《组织与管理研究的实证方法》，北京大学出版社 2008 年版，第 162 页。

第一阶段：文献回顾，确定度量题项。本书查阅了大量关于差异化战略（Dess & Davis，1984；Hunt and Morgan，1995；Kim et al.，2004；Santos - Vijande et al.，2012 等）和顾客价值（Ulaga and Eggert，2002；Spiteri and Dion，2004；Flint et al.，2011 等）及其对企业经营绩效影响的相关文献，借鉴了相关理论研究中的理论构想和实证研究中的变量测度，这些已有指标测度方法形成了本书实证研究量表开发的初稿，最终形成的量表是在这些已有指标的基础上结合本书的目的，进行的修改、增减的变化。

第二阶段：通过专家访谈，讨论变量测量指标。本书邀请的访谈对象包含两部分，一部分是针对开发差异化战略测量指标的在线旅游企业界管理者和从事战略管理研究的专家学者；另一部分是针对开发顾客价值测量指标的在线旅游产品消费顾客和从事顾客价值研究的专家学者。具体而言，首先邀请 5 名在线旅游企业高层管理人员、5 名战略管理研究人员（其中教授 2 名、副教授 3 名）加入在线旅游企业差异化战略测量指标访谈小组，邀请 10 名高频次的在线旅游产品消费顾客（本书以年均消费 2 次及以上为选择标准）和 3 名顾客价值研究人员（其中，教授 1 名，副教授 2 名）组成顾客价值测量题项访谈小组；第二步，向访谈专家介绍本书目的和研究思路，然后将通过文献回顾形成的初稿交由专家讨论，讨论后的文本形成量表的第二稿。

第三阶段：结合已有文献量表和专家讨论结果，选择 3 家在线旅游企业，分别与这 3 家在线旅游企业的中高层管理人员进行深度访谈，以确定问卷的变量界定及其逻辑关系是否恰当、变量测量指标的表述是否能够被理解、问卷整体情况是否符合企业实际。然后根据访谈结果进行修改，以此形成问卷的第三稿。

第四阶段：进行预测试，确定最终问卷。选择在线旅游企业管理人员，通过电子邮件、现场发放等方式，将形成的量表进行小样本问卷预调查。共发放 50 份问卷，回收有效问卷 38 份，有效率达到 76%。剔除掉在预测试中因子载荷小于 0.6 的题项，确定最终的测量量表，详见附录。

二　变量测度

问卷中的所有测量题项均采用李克特（Likert）5 等级计分法评判，从 1 到 5 分别表示"非常不同意"到"非常同意"，即"1 = 非常不同意"、"2 = 不同意"、"3 = 一般"、"4 = 同意"、"5 = 非常同意"。

在相关文献基础上，本书分别对差异化战略、顾客价值、企业经营绩效等变量进行了测度。

（一）顾客导向的差异化战略

自波特（1980）提出竞争战略类型以来，学者们开始致力于研究竞争战略的测量问题。德斯和戴维斯（1984）是较早研究竞争战略测度问题的学者，他们提出了包括低成本和差异化战略的 21 项测量指标，其中，差异化战略用以下指标加以测量：新产品开发、顾客服务、宽范围的产品、发展新产品、品牌识别、高价细分市场的产品、广告、声誉、营销技术和方法创新。不难看出，德斯和戴维斯的测量指标可以抽象为产品差异化、服务差异化、企业形象差异化、定位差异化及市场营销手段差异化几个方面。德斯和戴维斯的分析方法具有很强的代表性，以至于后来的研究大都以此为基础并根据研究对象的特质进行适当的调整。Nayyar（1993）的实证研究认为差异化可以从独特的产品提供、新产品开发、高质量、提供多种消费者服务、品牌、广告、建立并维护企业声誉、营销创新、分销渠道、定位高端细分市场 10 个方面加以测量。亨特和摩根（Hunt and Morgan，1995）的研究更加注重市场要素在差异化中的作用，他开发的差异化战略指标包括：市场创新、广告、渠道影响、促销、品牌识别、企业声誉、高价格、新产品、独特性产品、产品质量、质量控制、服务质量、制造创新、现代设备等。沃德和杜雷（Ward and Duray，2000）沿用并创新了德斯和戴维斯的测量指标，他们认为差异化战略包括新产品开发、产品和服务的创新、营销技术和方法创新、广告、品牌标识、在业界的声誉、预测市场发展能力。金等（2004）在对购物网站的竞争战略研究中，开发的差异化战略测度题项包含：新产品开发、强大的顾客服务能力、研发投入、对市场的反应、捕捉顾客需要的能力、注重企业和产品形象、重视无形资产、服务特殊地理市场、强调特殊市场等。Acquaah 和 Yasai – Ardekani（2008）的研究表明，新产品或服务的开发、升级或改进现有产品或服务、强调产品或服务的高价位细分市场、营销创新、广告和推广、注重品牌和公司形象、提供特色产品、有效控制分销渠道 8 项指标可以用来测度差异化战略。Santos – Vijande 等（2012）在对波特（1980），德斯和戴维斯（1984）的研究深度学习的基础上，开发了竞争战略的量表，其中，差异化战略的测度指标为：提供广泛的售前和售后服务、采取新的市场技术、提供差异化产品、提供广阔的产品系列、注重公司品牌、提供高品质的产品。

综合以上学者的研究成果，再结合在线旅游行业的特质、深度访谈的结果和预测试后的调整，本书共开发了 10 个差异化战略的度量题项，具体测度项目如表 5 - 1 所示。

表 5 - 1   差异化战略测量项目

编号	测量项目	来源
STRATD1	公司注重开拓新产品	
STRATD2	公司提供独特性的在线旅游产品预订模式	
STRATD3	公司重视借用新型智能信息技术为顾客提供个性化服务	德斯和戴维斯（1984）、亨
STRATD4	公司重视新型营销手段的应用	特（2000）、金等（2004）、
STRATD5	公司对于顾客需求和问题能够迅速反馈	Acquaah 和 Yasai－Ardekani
STRATD6	公司具有明确的市场定位	（2008）、郑兵云和陈圻
STRATD7	公司重视企业的品牌塑造	（2011）
STRATD8	公司具有一定特色的广告推广活动	
STRATD9	公司具有完善的顾客档案管理体系	
STRATD10	公司鼓励真实的顾客评价和意见反馈	

（二）顾客价值

顾客价值是一个主观概念，它是顾客感知到的价值，感知主体应该是顾客而不是企业（Ulaga and Eggert，2002），只有深入顾客去挖掘信息，才能获得最真实的顾客价值测量指标；同时，以往对于顾客价值的研究带有非常明显的行业特征，不同行业的产品或服务满足顾客需求的功能不同，为顾客创造的价值自然也不同，而已有文献对于在线旅游产品及服务的顾客价值测量研究几乎处于空白。鉴于以上两点，本书对于顾客价值的测量采用以下方式获得：第一步，根据已有顾客价值实证研究资料，搜集顾客价值相关测量题项。第二步，选择 10 名在线旅游产品消费顾客和 3 名顾客价值方面的研究专家组成访谈小组，向小组成员阐述清楚研究目的以后，首先让小组成员罗列自己认为的在线旅游产品消费的顾客价值，然后将搜集好的已有顾客价值测量题项交由小组进行参考和对比讨论。第三步，将讨论的度量题项进行字句斟酌，确定预测试题项。为了使得访谈结果更真实和可靠，研究在选择在线旅游产品消费顾客时，限定了顾客消费的频次，即年均消费 2 次及以上，因为一般消费次数越多的顾客越能够评判顾客的真实需要，其观点更具有代表性。

本书在文献综述部分已对顾客价值及其测量研究做了回顾。需要特别说明的是，已有研究大都将顾客价值界定为顾客感知利得与感知利失的权衡，感知利失指的是包括价格、时间、精力等在内的成本支出，因此，在研究顾客价值与企业经营绩效关系时，一般将价格等成本要素假设为与企业绩效负相关。然而，我国顾客价值研究专家张明立教授在总结了班瓦利·米托和贾格迪胥·谢兹的顾客价值构成维度的研究以后，提出顾客价值包含产品价值、个性化价值、服务价值和成本价值，而这里的成本之所以被"价值化"，是因为被顾客感知为合理的、物超所值的价格不但不会对顾客价值产生消极影响，反而会对顾客感知的价值产生积极效应（张明立，2007）。因此，本书通过度量题项的设定，将顾客成本价值化，从而建立正向假设关系。

另外，因为本书的主体是在线旅游企业，属于电子商务类经济形式，其顾客价值内容与一般企业顾客价值测量有差异，因此，有必要在浏览一般顾客价值测量研究基础上，重点参考电子商务类企业顾客价值相关研究内容。

一般而言，电子商务企业顾客价值与传统企业顾客价值是一脉相承的，已有顾客价值测量体系仍然适用于电子商务企业，但是基于信息技术的电子商务企业能够为顾客带来颠覆传统的购物体验。比如，基尼（Keeney，1999）将网络购物顾客价值分为功能价值和过程价值，除了和传统购物的顾客价值类似的项目之外，网络购物顾客的特别价值有：购物便利、时间花费少、个人互动等。国内外许多学者普遍认同电子商务企业为顾客带来的独特价值，诸如便利性、节约时间、精力、信息价值、节约金钱、增强购物兴趣等（Jae - Nam，2003；高丹，2004）。除此之外，顾客通过浏览购物网站进行购物，也会关注网页设计带给顾客的体验，比如网站设计流畅、顾客个人信息安全、隐私性、个性化关注与参与性价值（Keeney，1999；陈进成，2003）。查金祥（2006）在 B2C 电子商务顾客价值与顾客忠诚度的关系研究的博士论文中将电子商务顾客价值分为功能性价值（价格优势、产品质量、信息内容质量、购物便利性、服务失误补救）、程序性价值（网站设计、网站互动性、顾客化服务、网站安全性、隐私保护、娱乐性、操作便利性）及关系性价值（声誉品牌价值、社会逃避价值、C2C 关系价值、B2C 关系价值），研究既突出了传统企业顾客价值的方面，同时突出了电子商务企业顾客价值的独特性。

　　基于以上分析，结合访谈结果和在线旅游企业产品特点，并经过预测试后的调整，本书共开发了 17 个顾客价值测量题项，如表 5 – 2 所示。

表 5 – 2　　　　　　　　　　　在线旅游企业顾客价值测量

顾客价值	测量题项	主要来源
产品价值 （Product Value）	PV1 该网站提供的在线旅游产品符合我的需求 PV2 该网站提供的在线旅游产品质量可靠 PV3 该网站提供的相关信息充足、实用 PV4 该网站网页设计合理	Sheth（1991）、 Sweeney 和 Soutar 等 （2001）
成本价值 （Cost Value）	CV1 我可以在该网站购买到价格实惠的旅游产品 CV2 我可以在该网站买到物超所值的旅游产品 CV3 通过网站预订旅游产品，可以节约大量时间和精力	张明立等 （2007）
服务价值 （Service Value）	SV1 网站建立了多渠道、方便快捷的服务沟通平台 SV2 网站会根据我的消费偏好向我推荐合适的旅游产品 SV3 网站对于我的个性化诉求会快速响应 SV4 网站对顾客的抱怨或不满会给予重视，并得到妥善处理 SV5 网站保证个人信息和支付安全	株（2007）、 孟庆良和 韩玉启等 （2006）
情感价值 （Feeling Value）	FV1 网站具有良好的品牌形象 FV2 该网站具有诚信、可信赖的社会形象 FV3 网站具有良好的会员积分制度，并给予会员一定的价格折 　　扣或其他实惠 FV4 在网站购买旅游产品使我觉得很符合时代潮流 FV5 网站鼓励顾客的真实评价，并会积极采纳顾客合理建议	株（2007）、 查金祥等 （2006）

　　（三）在线旅游企业经营绩效

　　企业经营绩效是企业对一定经营周期内经营管理的效益与效率的概括与总结。学者们一般用财务性指标来加以衡量，比较常见的指标有资产收益率、投资回报率、销售增长率、利润及其增长率等。但是，随着卡普兰和诺顿（Kaplan and Norton）于 1992 年提出平衡计分卡的概念以后，学者们开始关注顾客、企业流程、学习与成长等非财务性指标在企业绩效评价中的作用。比如，Gupta 和 Zeitham（2006）就认为，企业经营绩效既包括利润、收益、股价等财务指标，同时也包含顾客满意、顾客忠诚、企业声誉等非财务性指标。Santos – Vijande 等（2012）在研究组织学习对组织弹性、竞争战略和企业经营绩效影响时，用两个财务性指标——销售增长率（sales growth）、利润增长率（profits growth）和一个非财务指标——市场占有率（market share growth）来度量企业经营绩效。史蒂文等（Steven et al.，2012）在关于顾客服务、顾客绩效与企业绩效关系的文章中，用市场占有率和利润率表示企业经营绩效。《企业财务通则》中强调，市场占有率是企业财务性指标最有力的补充，它表明在同类产品中企业产品占有的市场份额，企业应该关注该指标的历年变动情况，以此来判断企业经营管理水平的提高及企业产品受市场欢迎的程度。[①]

研究企业经营绩效的文献非常丰富，本书仅对竞争战略及顾客价值与企业经营绩效关系中涉及的企业经营绩效的测量进行总结，具体见表5 – 3。

表5 – 3 企业经营绩效指标研究综览

作者及年份	企业经营绩效指标
德斯和戴维斯（1984）	年销售增长率、资产回报率
Yasai – Ardekani（2000）；亨特（2000）	销售收入回报率、投资回报率、资产回报率、收入增长率、利润增长率、总利润财务回报、销售增长
金等（2004）	收入、增长率、增长潜力、利润、总体绩效
Acquaah 和 Yasai – Ardekani（2008）	收入回报率、资产回报率
Gupta 和 Zeitham（2006）	利润、收益、股价、顾客满意、顾客忠诚、企业声誉
Santos – Vijande 等（2012）	企业近三年与竞争对手相比的销售增长率、利润增长率、市场占有率
史蒂文等（2012）	市场占有率、利润率
郑兵云（2011）	投资报酬率、销售利润率、现金流、市场占有率、顾客满意度、员工满意度

我国在线旅游企业的发展时间比较短，上市企业数量很有限，因此，一些财务指标无法从公开数据中获得，结合已有文献的研究成果和在线旅

① 长松咨询：《如何完善中小企业财务分析指标体系》，http：//bj. cs360. cn/caiw/93463. html，2013 年3 月4 日。

游企业的实际情况，本书使用销售增长率、利润增长率和市场占有率三个指标来测量在线旅游企业的经营绩效（Business Performance，BP），具体题项如表 5 - 4 所示。

表 5 - 4　　　　　　　　　　　在线旅游企业经营绩效测量题项

指标	题项	来源
销售增长率	BP1 企业对销售增长率的满意度	德斯和戴维斯（1984）、 Santos - Vijande 等（2012）
利润增长率	BP2 企业对利润增长率的满意度	Yasai - Ardekani（2000）、亨特等（1995）
市场占有率	BP3 企业对市场占有率的满意度	史蒂文等（2012）、郑兵云等（2011）

经过调整后的最终量表如表 5 - 5 所示。

三　数据收集

本书问卷的受访者要求是在线旅游企业的中高层管理者，参与企业战略规划与决策，能够准确识别和判断企业的战略意图和战略行为等信息。问卷内容包括在线旅游企业差异化战略、顾客价值及企业经营绩效，同时还包含企业的一些基本信息，以判断样本是否具有代表性。对于差异化战略题项，由受访者直接回答。因为顾客价值评判来源于顾客，所以关于顾客价值题项的判断，是通过在线旅游企业管理人员根据其顾客对企业产品的整体评价，就顾客价值创造进行最终的评判。对于企业经营绩效，则由企业管理人员根据企业近三年的经营业绩分别作出对企业销售增长率、利润增长率、市场占有率三个指标是否满意的评判。

本次调研从专家访谈及访谈小组对问卷的修正，到预测试，再到正式调研结束，共经历 4 个月时间，从 2013 年 3 月 1 日开始到 7 月 1 日结束。调研方式有三种：

第一种是调研者走访了北京、上海、杭州、南京和武汉共 18 所高校的 MBA 和 EMBA 的课堂，利用学员休息时间，向其发放问卷，在确定其为在线旅游企业现任或曾任管理人员的情况下，邀请其填写问卷。该种方式收集问卷的效率较低，因为在这些进修人员之中，恰巧是在线旅游企业从业人员的情况较少，但是只要受访者符合要求，一般会完整地填写问卷信息。此种方式下共发放问卷 60 份，回收有效问卷 56 份。

第二种是根据中国在线旅行企业名录，随机抽取其中的 60 家企业，在

表 5 - 5　顾客价值导向的在线旅游企业差异化对企业经营绩效的影响

变量	测量题项
差异化战略	STRATD1 公司注重开拓新产品 STRATD2 公司提供独特性的在线旅游产品预订模式 STRATD3 公司重视借用新型智能信息技术为顾客提供个性化服务 STRATD4 公司重视新型营销手段的应用 STRATD5 公司对于顾客需求和问题能够迅速反馈 STRATD6 公司具有明确的市场定位 STRATD7 公司重视企业的品牌塑造 STRATD8 公司具有一定特色的广告推广活动 STRATD9 公司具有完善的顾客档案管理体系 STRATD10 公司鼓励真实的顾客评价和意见反馈
产品价值	PV1 该网站提供的在线旅游产品符合我的需求 PV2 该网站提供的在线旅游产品质量可靠 PV3 该网站提供的相关信息充足、实用 PV4 该网站网页设计合理
成本价值	CV1 我可以在该网站购买到价格实惠的旅游产品 CV2 我可以在该网站买到物超所值的旅游产品 CV3 通过网站预订旅游产品，可以节约大量时间和精力
服务价值	SV1 网站建立了多渠道、方便快捷的服务沟通平台 SV2 网站会根据我的消费偏好向我推荐合适的旅游产品 SV3 网站对于我的个性化诉求会快速响应 SV4 网站对顾客的抱怨或不满会给予重视，并得到妥善处理 SV5 网站保证个人信息和支付安全
情感价值	FV1 网站具有良好的品牌形象 FV2 该网站具有诚信、可信赖的社会形象 FV3 网站具有良好的会员积分制度，并给予会员一定的价格折扣或其他实惠 FV4 在网站购买旅游产品使我觉得很符合时代潮流 FV5 网站鼓励顾客的真实评价，并会积极采纳顾客合理建议
企业经营绩效	BP1 企业对销售增长率的满意度 BP2 企业对利润增长率的满意度 BP3 企业对市场占有率的满意度

获得这些企业的联系方式后，利用电子邮件寄送调查问卷。该方式共发放问卷 500 份，收回有效问卷 154 份。

第三种方式是通过笔者在在线旅游企业工作的学生的引荐，联系一些在线旅游企业的中高层管理人员。笔者历年毕业生中有几十人在该行业工作，积累了丰富的人脉。此类调研效果较好，共发放问卷 200 份，收回有效问卷 110 份。

本次调研共发放问卷 760 份，回收问卷 422 份，问卷总回收率达 55.5%；在回收的问卷中，剔除信息不完整、有明显逻辑错误和答案雷同的问卷，共收集有效问卷 320 份，有效率为 75.8%。

四 数据分析方法

为了验证本书理论模型中提出的假设，本书设计了问卷、界定了变量及其度量、进行了指标选择和合理的数据收集。除此之外，选择合适的数据分析方法和研究工具也非常重要。本书的统计分析主要运用 SPSS17.0 对模型中各要素及其相互关系进行描述性统计分析、方差分析、因子分析和回归分析。运用 AMOS17.0 进行整体模型拟合优度检验，以确定包含各种假设关系数值的最终理论模型。

（一）描述性统计分析

描述性统计主要针对样本的基本资料进行分析，本书中涉及的在线旅游企业基本资料包括企业性质、被调查者年龄、学历、职位、任职年限等内容，描述各变量的总值、均值、百分比等，以说明样本的类别以及分配比率等信息。

（二）因子分析、信度与效度检验

因子分析（Factor Analysis）是指研究从变量群中提取共性因子的统计技术，其基本目的是用少数几个因子去描述多个指标或因素之间的联系，即将相关比较密切的几个变量归在同一类中，每一类变量就成为一个因子，这些因子是隐藏在测量变量中的一些基本的、但又无法直接测量到的隐形变量（latent variable, latent factor），分析的结果最终实现以较少的因子反映原资料的大部分信息。因子分析是多元统计分析技术的一个分支，其主要目的是浓缩变量数。它通过研究众多变量之间的内部依赖关系，探求观测数据中的基本结构，并用少数几个假想变量来表示基本的数据结构。

因子分析可分为探索性因子分析（Exploratory Factor Analysis，EFA）

和验证性因子分析（Confirmatory Factor Analysis，CFA）。由于本书部分测度量表是在已有文献基础上结合访谈法进行修改和调整确定的，因此，为了进一步明确观测变量之间的关系及其内部结构，验证测量题项的合理性，本书首先进行探索性因子分析，以用来找出多元观测变量的本质结构。研究采用主成分分析的因子提取方法和方差最大旋转方法，按照特征根大于 1 的方式提取因子。探索性因子分析中对因子载荷的数值有要求，因子载荷就是显示原始变量与各主成分之间相关程度的指标，一般认为各题项因子载荷值要大于 0.5（马庆国，2002）。

　　通常，我们需要从效度和信度两个方面评价一个量表质量的高低。效度是指测量结果的有效程度，即是指量表能够准确测量到其所要测量的事物的程度（陈晓萍等，2008）。效度一般分为内容效度、效标效度和结构效度。内容效度和效标效度主要体现在量表的构建过程中。为了保证这两个方面的效度，本书在量表形成过程中，是在借鉴已有文献经过多次验证并被广泛运用的量表基础上，通过深度访谈方法，对形成的题项再进行反复斟酌和筛选，再通过预调研剔除不符合要求的题项，然后才形成最终的测量量表。结构效度是指测量结果体现出来的某种结构与测值之间的对应程度。结构效度分析最理想的方法是利用因子分析测量量表或整个问卷的效度。因子分析的主要功能是从量表全部变量（题项）中提取一些公因子，各公因子分别与某一群特定变量高度关联，这些公因子即代表了量表的基本结构。通过因子分析可以考察问卷是否能够测量出研究者设计问卷时假设的某种结构。在因子分析的结果中，用于评价结构效度的主要指标有累积贡献率、共同度和因子负荷。

　　信度即可靠性，它是指采用同样的方法对同一对象重复测量时所得结果的一致性程度。内部一致性可以直观地测量量表的信度，它是指用来测量同一个概念的多个计量指标的一致性程度。学术界多用 Cronbach's α 系数来测量内部一致性，α 系数越高则信度越高，一般来说，$\alpha > 0.7$，表明问卷具有较高信度，如果 $\alpha > 0.85$，则表明问卷信度良好（李怀祖，2004）。

　　（三）结构方程模型（SEM）

　　结构方程模型（Structure Equation Modeling，SEM）是当代行为与社会领域量化研究的重要统计方法，它整合了因子分析和路径分析两种统计方法，同时检验模型中包含的显性变量、潜在变量、干扰或误差变量间的关系，进而获得自变量对因变量的直接效果、间接效果或总效果（吴明隆，2009）。相对传统的统计方法，SEM 是一种可以将测量与分析整合为一的计量研究技术，它可以同时估计模型中的测量指标、潜在变量；同时可以估计测量过程中指标变量的测量误差，也可以评估测量的信度与效度（Moustaki et al.，2004）。

结构方程模型中有两个基本模型：测量模型和结构模型。测量模型由潜在变量与观察变量（即测量变量）组成，从数学的定义上来讲，测量模型是一组观察变量的线性函数，观察变量是量表或问卷所得的数据，潜在变量是观察变量间所形成的特质或抽象概念，它无法直接测量，而要由观察变量测得的数据来反映。测量模型在 SEM 模型中就是验证性因子分析（CFA），用于检核数个测量变量可以构成潜在变量的程度。SEM 模型中的变量分为外生变量和内生变量，前者是指在模型中未受任何其他变量影响却直接影响其他变量的变量；后者是指在模型中会受到任一变量影响的变量。在路径分析图中，内生变量相当于因变量，就是路径分析中的箭头所指的地方。

结构模型即是潜在变量间因果关系模型的说明。一个广义的结构模型包括数个测量模型及一个结构模型。在 SEM 模型中，研究者依据理论文献或经验法则建立潜在变量与潜在变量间的回归关系，即确立潜在变量间的结构模型；同时也要构建潜在变量与其测量指标间的反映关系，即建立各潜在变量与其观察指标间的测量模型（黄芳铭，2005）。Diamantopoulos 和 Siguaw（2000）认为，SEM 模型的分析程序有 8 个步骤：（1）模型的概念化；（2）路径图的构建；（3）模型的确认；（4）模型的辨识；（5）参数的估计；（6）模型适配度的评估；（7）模型的修正，如果模型不能很好地拟合数据，就需要根据修正指数（MI）对模型进行修正和再次设定；（8）模型的复核效化。

关于模型适配度的评价，不同学者有不同的主张，以学者 Bogozzi 和 Yi（1988）的观点较为全面。他们认为，假设模型与实际数据是否契合，须同时考虑基本适配度指标、整体模型适配度指标和模型内在结构适配度指标三方面指标。在模型基本适配度指标检验方面，Bogozzi 和 Yi（1988）提出以下几个准则：（1）估计参数中不能有负的误差方差，且达到显著水平；（2）所有误差变异须达到显著水平（t 值 > 1.96）；（3）估计参数统计量彼此间相关的绝对值不能太接近 1；（4）潜在变量与其测量指标间的因素负荷量的值最好介于 0.50—0.95 之间；（5）不能有很大的标准误。而对于整体模型适配度的检验则考虑绝对适配度指数、增值适配度指数和简约适配度指数三个方面，三个指数下又有不同的判别指数。整合众多学者的研究，并结合本书的实际情况，本书拟采用以下指数进行模型适配度判别：（1）卡方自由度指数（χ^2/df）：模型估计的参数越多，自由度会变得越小；而样本数增多，卡方值也会随之增大，同时考虑卡方值与自由度大小，可以规避由于样本数过大导致的卡方值显著的问题。一般认为，卡方值介于 1—5 表示模型可以接受，小于 1 表示模型过度适配，大于 5 则表示模型适配度不佳。（2）RMSEA 指数，即为渐进残差均方和平方根，其值等于 0 时，表示理论模型与实际数据最适配。McDonald & Ho（2002）认为，RMSEA 的数值等于 0.08 是模型契合度可以接受的最高门槛，其数值若是小于 0.05 表示模型的适配度良好。[①]（3）GFI 指数，称为良适性适配指数，其数值是指根据"样本数据的观察矩阵与理论建构复制矩阵之差的平方和"与"观察的样本"的比值。GFI 值越大，表示理论建构复制矩阵能解释样本数据观察矩阵的变异量越大，二者的契合度越高（余民宁，2006）。GFI 值介于 0—1 之间，越接近 1，表示模型的适配度越佳，如大于 0.09，表示模型路径图与实际数据有良好的适配度。[②]（4）TLI 指标，用来比较两个对立模型之间的适配程度，其值介于 0（模型完全不适配）—1（模型完全适配）之间，越接近 1 表示模型适配越佳。（5）NFI 指数，是相对性指标值，反映假设模型与一个假设观察变量间没有任何共变的独立模型的差异程度，其值介于 0—1 之间，越接近 1 表示模型适配度越佳。（6）CFI 指数，即为比较适配指数，表示能够有效改善非集中性的程度，CFI 的取值在 0—1 之间。TLI、NFI 和 CFI 三个指标属于增值适配度统计量，一般而言，三个指标值用于判别模型路径图与实际数据是否适配的标准均为 0.90 以上（吴明隆，2009）。（7）PGFI，为简约适配度指数，其值介于 0—1 之间，其值越大，表示模型适配度越佳，其值 > 0.50 为模型可接受的范围。在衡量模型内在结构适配度方面，还需考察模型修正指数（MI），若 MI > 3.84，则模型适配不佳，模型需

---

① McDonald, R. P. and Ho, M. R., "Principles and Practice in Reporting Structural Equation Analysis", *Psychological Methods*, No. 7, 2002, pp. 60 – 80.

② 吴明隆：《结构方程模型——AMOS 的操作与应用》，重庆大学出版社 2009 年版，第 45 页。

要修正。

另外，为验证概念模型的合理性，与路径系数相应的临界比 C.R.（Critical Ratio）还需具有统计上的显著性。当 C.R. 值 > 1.96 的参考值时，说明该路径系数在 p = 0.05 水平上显著。

表 5 – 6　　　　　　　本书采用的拟合优度判别指标及其标准

检验项目	适配标准
基本适配度评价指标	
误差变异量	没有出现负的误差变异量
因子负荷量	0.50—0.95 之间
标准误	标准误值很小
整体适配度评价指标	
卡方自由度比（χ^2/df）	1—5 之间可以接受；1—3 之间更佳
渐进残差均方和平方根（RMSEA）	<0.05，适配良好；<0.08，适配合理
良适性适配指数（GFI）	取值为 0—1 之间，>0.90 为适配良好
非基准适配指数（TLI）	取值为 0—1 之间，>0.90 为适配良好
基准适配指数（NFI）	取值为 0—1 之间，>0.90 为适配良好
比较适配指数（CFI）	取值为 0—1 之间，>0.90 为适配良好
简约适配度指数（PGFI）	取值为 0—1 之间，>0.50 为模型可接受
内在结构适配度评价指标	
修正指数（MI）	<3.84
路径系数临界比（C.R.）	>1.96

第二节　数据分析与假设检验

一　描述性统计分析

（一）样本描述性统计分析

从地域上看，来自北京、上海、南京、杭州、武汉、广州和厦门的样本数分别为 78、76、60、45、40、11、10，分别占总有效样本数的

24.4%、23.8%、18.7%、14.1%、12.5%、3.4%、3.1%，样本地域分布广泛，具有代表性。

从企业性质看，民营企业有 105 家，占 32.8%；外商独资或合资企业 96 家，占 30%；国有企业或国有控股 119 家，占 37.2%，样本涵盖了我国在线旅游企业的主要性质。

从性别上看，320 份有效样本中，男性受访者较多，为 206 人，占总有效样本数的 64.4%；女性受访者为 114 人，占 35.6%。

从年龄上看，25 岁及以下的受访者为 15 人，占总有效样本数的 4.7%；26—30 岁的受访者为 118 人，占 36.9%；31—35 岁的受访者人数最多，为 145 人，占 45.3%；36—40 岁的受访者为 26 人，占 8.1%；41 岁及以上的受访者为 16 人，占 5.0%。受访者在年龄段上的分布说明，在线旅游企业的从业人员中，年轻人居多，这一点与现实情况相吻合。

从学历上看，大专及以下学历的受访者为 52 人，占总有效样本数的 16.2%；本科学历的受访者最多，为 136 人，占 42.5%；硕士学历的受访者为 124 人，占 38.8%；博士学历的受访者为 8 人，占 2.5%。

从任职年限看，3 年以下的受访者为 88 人，占总有效样本数的 27.5%；3—6 年的受访者为 156 人，占 48.8%；6 年以上的受访者为 76 人，占 23.7%。

从受访者职位看，中层管理者为 189 人，占总有效样本数的 59.1%；高层管理者为 131 人，占总有效样本数的 40.9%。

（二）变量描述性统计分析

为了初步了解问卷调查所获得的数据质量，本书运用 SPSS17.0 统计软件对 320 份有效问卷进行了描述性统计分析，如表 5－8 所示。统计结果显示，各测量题项的均值在 3.63—4.43 之间，表明各变量的实际情况较好；各测量题项的偏度（Skewness）统计绝对值小于 3，峰度（Kurtosis）统计绝对值小于 10，说明样本基本服从正态分布。因此，从变量的描述性统计结果来看，调查数据能够反映调查对象的真实情况，调查数据质量较好，可以进行下一步分析。

二　信度检验

由于本书的测量量表是在专家访谈基础上对已有研究量表进行改进和基于行业特征调整而开发出来的，因此，必须对量表信度和效度进行检验。

表5-7　　　　　　　　样本基本特征统计分析（N=320）

属性	分类	人数	百分比（%）
企业地域	北京	78	24.4
	上海	76	23.8
	南京	60	18.7
	杭州	45	14.1
	武汉	40	12.5
	广州	11	3.4
	厦门	10	3.1
企业性质	民营企业	105	32.8
	外资或合资企业	96	30.0
	国有或国有控股	119	37.2
性别	男	206	64.4
	女	114	35.6
年龄	25岁及以下	15	4.7
	26—30岁	118	36.9
	31—35岁	145	45.3
	36—40岁	26	8.1
	41岁以上	16	5.0
学历	大专及以下	52	16.2
	本科	136	42.5
	硕士	124	38.8
	博士	8	2.5
任职年限	3年及以下	88	27.5
	3—6年	156	48.8
	6年以上	76	23.7
受访者职位	中层管理者	189	59.1
	高层管理者	131	40.9

表 5 – 8   变量描述性统计分析

测量题项	样本量 （N）	平均数 （Mean）	标准差 （Std. Deviation）	偏度（Skewness）		峰度（Kurtosis）	
				统计值	标准差	统计值	标准差
STRATD1	320	4.0469	0.98626	−0.982	0.136	0.506	0.272
STRATD2	320	3.9594	0.98017	−0.783	0.136	0.093	0.272
STRATD3	320	4.0000	0.96652	−0.797	0.136	0.083	0.272
STRATD4	320	3.8281	0.95928	−0.529	0.136	−0.339	0.272
STRATD5	320	4.1000	0.98069	−0.984	0.136	0.416	0.272
STRATD6	320	3.8156	0.95694	−0.682	0.136	0.154	0.272
STRATD7	320	4.1594	0.96794	−1.159	0.136	0.966	0.272
STRATD8	320	4.0875	0.99772	−1.148	0.136	1.110	0.272
STRATD9	320	4.0344	1.03636	−1.004	0.136	0.409	0.272
STRATD10	320	4.0906	0.98638	−1.110	0.136	0.778	0.272
PV1	320	4.1125	0.94346	−0.903	0.136	0.223	0.272
PV2	320	4.1281	0.87413	−0.819	0.136	0.264	0.272
PV3	320	4.1625	0.89153	−0.939	0.136	0.545	0.272
PV4	320	4.0594	0.88858	−0.791	0.136	0.484	0.272
CV1	320	4.3969	0.77297	−1.393	0.136	2.275	0.272
CV2	320	4.3531	0.85482	−1.505	0.136	2.419	0.272
CV3	320	4.3688	0.80455	−1.384	0.136	2.038	0.272
SV1	320	4.1375	0.76349	−0.620	0.136	0.045	0.272
SV2	320	4.4281	0.71339	−1.048	0.136	0.502	0.272
SV3	320	4.3719	0.74856	−1.044	0.136	0.625	0.272
SV4	320	4.3625	0.71252	−0.814	0.136	−0.027	0.272
SV5	320	4.4625	0.66141	−1.039	0.136	0.753	0.272
FV1	320	3.7125	0.84829	−0.250	0.136	−0.214	0.272
FV2	320	3.6250	0.85464	−0.167	0.136	−0.289	0.272
FV3	320	3.6281	0.84309	−0.187	0.136	−0.222	0.272
FV4	320	3.7969	0.88491	−0.492	0.136	−0.128	0.272
FV5	320	3.6781	0.91632	−0.228	0.136	−0.639	0.272
BP1	320	3.9813	0.88860	−0.611	0.136	−0.194	0.272
BP2	320	3.9969	0.90799	−0.651	0.136	−0.223	0.272
BP3	320	4.0250	0.91281	−0.746	0.136	−0.070	0.272

本书运用 SPSS17.0 统计软件，采用修正项目的总相关系数（Corrected I-tem - Total Correlation，CITC）和内部一致性指数 Cronbach's α 系数进行信度检验。CITC，即每个题项得分与各题项总分间的相关系数，其值不得小于 0.5（Churchill，1979）。表 5 - 9 摘录了信度检验的主要结果，从表中可以看出，各变量测量指标的 CITC 值均大于 0.5，符合修正项目的总相关系数应大于 0.5 的判别标准。差异化战略、顾客价值（包括产品价值、成本价值、服务价值和情感价值）及企业经营绩效量表的内部一致性系数 Cronbach's α 值分别为 0.931、0.805、0.908、0.803、0.848、0.905，达到量表的内部一致性"优秀"的判别标准（李怀祖，2004）。信度分析检验结果显示，量表的信度较高，变量之间具有较高的内部结构的一致性。综上所述，本书量表通过信度检验，对各变量的测度是有效的。

三　效度检验

（一）内容效度分析

内容效度，又称逻辑效度，是指项目对欲测内容或行为范围取样的适当程度，即测量内容的适当性和相符性，包括对测量题项的代表性、适合性进行分析（黄芳铭，2005）。内容效度一般采用定性而非统计的方法进行分析，它注重量表产生过程的合理性。

本书中使用的量表，是以已有学者开发的量表为基础，这些已有研究已经是被广泛使用，其信度和效度得到了普遍验证的成果；然后通过对相关领域的专家进行深度访谈，并结合本书的实际情况，对测量题项的语义表达进行字斟句酌，反复讨论，形成初始量表；在此基础上，通过对初始量表进行小样本预测试，进行题项净化，形成正式量表。本书量表的形成遵循了规范的过程，符合过程产生具有逻辑性和合理性的判别标准。因此可以认为，本书使用的量表具有较高的内容效度。

（二）结构效度分析

结构效度概念是由美国心理学会在 1954 年提出并运用于心理测验的，其本意是在当测验者所测属性没有确定的标准测量，而必须使用间接的测量来证实理论有效的时候来使用，后来在社会科学领域得到了广泛的运用。结构效度，又称构念效度，用以测量构念与测量题项之间的对应程度。结构效度验证的方法有多种，但是最理想的方法是通过因子分析法测量量表或整个问卷的结构效度（汤晓媚、赵雪丽，2010）。利用因子分析

表 5 – 9　量表的 CITC 分析和内部一致性信度检验结果（N = 320）

变量	题项编号	CITC 值	删除项目后的 α 值	Cronbach's α 系数
差异化战略	STRATD1	0.693	0.926	0.931
	STRATD2	0.719	0.925	
	STRATD3	0.713	0.925	
	STRATD4	0.687	0.927	
	STRATD5	0.763	0.923	
	STRATD6	0.708	0.926	
	STRATD7	0.752	0.923	
	STRATD8	0.775	0.922	
	STRATD9	0.721	0.925	
	STRATD10	0.770	0.922	
产品价值	PV1	0.602	0.765	0.805
	PV2	0.631	0.750	
	PV3	0.721	0.705	
	PV4	0.532	0.796	
成本价值	CV1	0.836	0.853	0.908
	CV2	0.858	0.831	
	CV3	0.759	0.914	
服务价值	SV1	0.554	0.777	0.803
	SV2	0.670	0.739	
	SV3	0.631	0.751	
	SV4	0.564	0.773	
	SV5	0.520	0.785	
情感价值	FV1	0.636	0.823	0.848
	FV2	0.660	0.816	
	FV3	0.647	0.820	
	FV4	0.667	0.814	
	FV5	0.675	0.812	
企业经营绩效	BP1	0.792	0.878	0.905
	BP2	0.850	0.829	
	BP3	0.789	0.882	

检验量表结构效度的过程是：首先从量表全部变量（题项）中提取一些公因子，这些公因子即代表了量表的基本结构；然后通过因子分析可以考

察问卷是否能够测量出研究者设计问卷时假设的某种结构。在因子分析的结果中，用于评价结构效度的主要指标有因子负荷和累积贡献率。

本书用探索性因子分析（EFA）方法验证量表的结构效度。探索性因子分析是在缺乏先验信息情况下，研究者利用其寻找变量间本质的内在结构。在进行因子分析之前，一般采用 KMO（Kaiser - Meyer - Olkin Measure of Sampling Adequacy）样本测度和巴特利特球形检验（Bartlett Test of Sphericity）来确定数据是否适合因子分析。[①] KMO 统计量是用于比较变量间简单相关系数和偏相关系数的一个指标，其取值在 0—1 之间，当所有变量之间的简单相关系数平方和远远大于偏相关系数平方和时，KMO值接近 1。KMO 值越接近 1，则越适合作因子分析，KMO 值越小，则越不适合作因子分析。凯泽（Kaiser，1974）给出了一个 KMO 的度量标准：KMO 值在 0.9 以上说明总体数据非常适合进行因子分析；KMO > 0.7，适合进行因子分析；0.6 以上为一般；0.5 以下则不适合做因子分析（荣泰生，2009）。球形检验主要是用于检验数据的分布，以及各个变量间的独立情况，巴特利特球体检验的 χ^2 统计值的显著性概率 p < 0.05 时，问卷才有结构效度，才能进行因子分析。本书采用主成分分析法提取因子，采用最大方差法（Varimax）进行因子旋转，以此分别对在线旅游企业差异化战略测量量表、差异化战略影响在线旅游企业顾客价值的测量量表、在线旅游企业经营绩效测量量表提取因子，以特征根 > 1 为抽取因子的原则。通过凯泽标准化的最大方差正交旋转，提取公因子。

1. 差异化战略结构效度分析

分析结果显示（见表 5 – 10），KMO 值为 0.944，表明变量因素间的共同性因素较多，适合做因子分析；Bartlett 球形检验的 χ^2 值为 2084.536，显著性概率为 0.000，说明数据具有相关性，适合做因子分析。

表 5 – 10 　　　　　差异化战略量表的 KMO 和 Bartlett 检验结果

KMO 值		0.944
Bartlett 球形检验	卡方值	2084.536
	Sig.	0.000

① 贾艳丽、杜强：《SPSS 统计分析标准教程》，人民邮电出版社 2010 年版，第 70—128 页。

如表 5 – 11 所示，只有一个因子被识别出来，与原构思相符合，该因子即为差异化战略。差异化战略各题项因子载荷系数分别为 0. 753、0. 777、0. 772、0. 748、0. 815、0. 767、0. 806、0. 826、0. 779、0. 821，均明显大于 0. 5 的判别标准；特征值为 6. 193，累计解释了 61. 928% 的变异。因此，差异化战略量表通过了效度检验，证明该变量的测量题项具有较好的结构效度。

表 5 – 11　　　　　　　　差异化战略量表的探索性因子分析结果

测量项目	因子载荷	特征值	方差贡献率（%）	累计方差贡献率（%）
STRATD1	0. 753			
STRATD2	0. 777			
STRATD3	0. 772			
STRATD4	0. 748			
STRATD5	0. 815	6. 193	61. 928	61. 928
STRATD6	0. 767			
STRATD7	0. 806			
STRATD8	0. 826			
STRATD9	0. 779			
STRATD10	0. 821			

2. 顾客价值结构效度分析

分析结果显示（见表 5 – 12），KMO 值为 0. 782，表明变量因素间的共同性因素较多，适合做因子分析；Bartlett 球形检验 χ^2 值为 2280. 463，显著性概率为 0. 000，说明数据具有相关性，适合做因子分析。

表 5 – 12　　　　　　　顾客价值量表的 KMO 和 Bartlett 检验结果

KMO 值		0. 782
Bartlett 球形检验	卡方值	2280. 463
	Sig.	0. 000

本书通过 Kaiser 标准化的最大方差正交旋转，共提取 4 个因子，分别是：产品价值、成本价值、服务价值和情感价值。各因子特征值均大于

1，累计方差贡献率为 64.981%，抽取因子负荷均在 0.5 以上，表明量表具有较好的结构效度（见表 5 – 13）。

表 5 – 13　差异化影响在线旅游企业顾客价值量表的探索性因子分析结果

测量项目	因子 1	因子 2	因子 3	因子 4
PV1	−0.002	0.048	**0.780**	0.081
PV2	0.037	0.025	**0.800**	0.066
PV3	0.003	0.030	**0.864**	0.043
PV4	0.037	0.000	**0.717**	0.086
CV1	−0.020	0.097	0.111	**0.914**
CV2	0.007	0.070	0.107	**0.931**
CV3	0.041	0.026	0.075	**0.887**
SV1	0.025	**0.717**	−0.023	0.099
SV2	0.069	**0.815**	0.015	−0.004
SV3	0.012	**0.794**	0.002	0.008
SV4	0.032	**0.722**	0.036	0.081
SV5	0.103	**0.673**	0.077	0.009
FV1	**0.774**	−0.003	0.039	−0.047
FV2	**0.792**	0.042	0.017	−0.053
FV3	**0.787**	−0.012	0.013	0.089
FV4	**0.781**	0.170	0.067	0.005
FV5	**0.799**	0.076	−0.046	0.045
特征值	3.596	2.924	2.486	2.041
方差贡献率（%）	21.151	17.202	14.623	12.005
累计方差贡献率（%）	21.151	38.353	52.976	64.981

3. 企业经营绩效结构效度分析

分析结果显示（见表 5 – 14），KMO 值为 0.741，表明变量因素间的共同性因素较多，适合做因子分析；Bartlett 球形检验的 χ^2 值为 627.902，显著性概率为 0.000，说明数据具有相关性，适合做因子分析。如表 5 – 15 所示，只有一个因子被识别出来，与原构思相符，该因子即为企业经营绩效。企业经营绩效各题项因子载荷系数分别为 0.907、0.937、0.905，均明显大于 0.5 的判别标准；特征值为 2.520，累计解释了 84.008% 的变异。因此，企业经营绩效量表通过了效度检验，证明该变量的测量题项具有较好的结构效度。

表 5 – 14　　　　　企业经营绩效量表的 KMO 和 Bartlett 检验结果

KMO 值		0.741
Bartlett 球形检验	卡方值	627.902
	Sig.	0.000

表 5 – 15　　　　　　　企业经营绩效量表的因子分析结果

测量项目	因子载荷	特征值	方差贡献率（%）	累计方差贡献率（%）
BP1	0.907			
BP2	0.937	2.520	84.008	84.008
BP3	0.905			

四　结构方程模型与假设的检验

在结构方程分析软件中，AMOS（矩结构分析）又被称为因果模型分析，融合了多种统计分析技术，是一种容易使用的可视化模块软件，近年来被广泛使用。本书采用 AMOS17.0 对顾客价值导向的差异化战略与在线旅游企业经营绩效的关系进行分析和检验。

（一）初始模型构建

基于本书第四章构建的理论模型（见图 4 – 1）和预设的理论假设（见表 4 – 1），本书利用 AMOS17.0 软件构建了初始结构方程模型路径图（如图 5 – 1 所示）。初始模型包含 6 个潜变量和 30 个显变量。其中，有 1 个外生潜变量，即差异化战略；5 个内生潜变量，分别为产品价值、成本价值、服务价值、情感价值以及企业经营绩效。外生变量为自变量，内生变量为因变量。除此之外，模型中还包括从 e1—e30 共计 30 个显变量的误差变量和 U1—U5 共 5 个内生潜变量的残差变量。模型中的参数主要包括顾客参数和自由参数，固定参数为模型中需要被估计的参数，通常将其值设定为 1。[①] 本书将通过结构方程模型对前文假设的变量之间关系进行验证。

---

① 吴明隆：《结构方程模型——AMOS 的操作与应用》，重庆大学出版社 2009 年版，第 19 页。

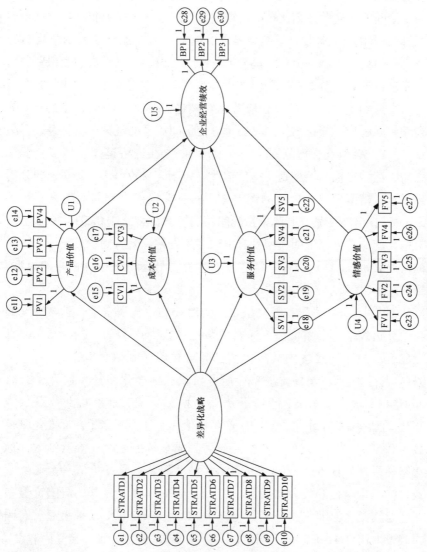

图 5 - 1　本书理论模型的初始结构方程模型

（二）整体结构方程模型检验

在 SEM 分析中，同样一组变量有多重组合的可能，不同的关系模型代表了特定的理论意义，SEM 鼓励研究者用一个比较简单的模型来解释较多的实际观察数据的变化，这就是模型界定的简约原则，以这个模型来反映变量间的真实关系则比较不会得到错误的结论，避免犯第一类型错误（邱皓政，2005）。本书秉承模型界定的简约原则，加之模型参数均具有比较充分的理论基础，因此，模型得以被顺利识别，只有被顺利识别的模型才能进行参数估计。AMOS 软件对模型预设的修正指标（MI）参考值为 4，对于 MI 值大于 4 的路径应考虑对其进行修正，以消除可能产生的拟合偏差问题，而修正工作同时要考虑变量间关系的理论逻辑。经过模型修正，使得 MI 值在合理范围之内（<3.84）。在进行整体模型拟合度评估之前，还需先检验模型是否违反估计（Byrne，2001）。AMOS 数据分析结果显示：模型没有出现负的误差方程；所有误差变异均达到显著水平（t>1.96）；潜在变量与其测量指标间的因子载荷量介于 0.5—0.95 之间；没有很大的标准误，证明模型没有出现序列误差、辨认问题或数据文件输入的错误（Bogozzi and Yi）。经过以上过程，最终得到拟合良好的模型，结果如图 5-2 所示。

从图 5-2 可以看出，潜变量之间的路径均达显著水平，具体情况如下：差异化战略→产品价值，标准化路径系数为 0.577，在 p<0.001 水平上显著；差异化战略→成本价值，标准化路径系数为 0.279，在 p<0.001 水平上显著；差异化战略→服务价值，标准化路径系数为 0.418，在 p<0.001 水平上显著；差异化战略→情感价值，标准化路径系数为 0.283，在 p<0.001 水平上显著；产品价值→企业经营绩效，标准化路径系数为 0.503，在 p<0.001 水平上显著。成本价值→企业经营绩效，标准化路径系数为 0.206，在 p<0.001 水平上显著；服务价值→企业经营绩效，标准化路径系数为 0.415，在 p<0.001 水平上显著；情感价值→企业经营绩效，标准化路径系数为 0.468，在 p<0.001 水平上显著。因此，假设 H1、H2、H3、H4、H5、H6、H7、H8 得到验证，接受原假设。

整体结构方程的拟合情况如表 5-17 所示。除了对模型的基本适配、内在结构适配以及路径系数临界比（C.R.）等方面已经做了分析，在模型的整体适配方面，本书分别用 χ^2/df、渐进残差均方和平方根（RM-SEA）、良适性适配指数（GFI）、非基准适配指数（TLI）、基准适配指数

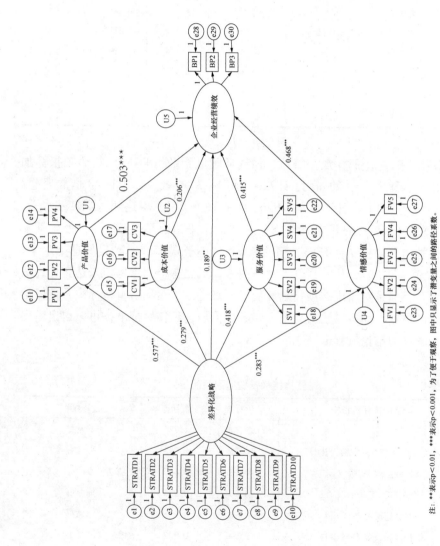

图 5 - 2　整体结构方程模型估计结果

注：**表示 p<0.01，***表示 p<0.001，为了便于观察，图中只显示了潜变量之间的路径系数。

表 5 - 16　　　　　　　　　　整体模型估计结果

路径	标准化系数	临界比（C. R.）	p 值	对应假设	结论
PV←STRATD	0.577	10.887	＊＊＊	H1	支持
CV←STRATD	0.279	5.264	＊＊＊	H2	支持
SV←STRATD	0.418	13.061	＊＊＊	H3	支持
FV←STRATD	0.283	5.145	＊＊＊	H4	支持
BP←PV	0.503	6.707	＊＊＊	H5	支持
BP←CV	0.206	3.169	＊＊＊	H6	支持
BP←SV	0.415	3.120	＊＊＊	H7	支持
BP←FV	0.468	6.783	＊＊＊	H8	支持

（NFI）、比较适配指数（CFI）、简约适配度指数（PGFI）共 7 个指标加以评价。其中，χ^2/df 值为 1.726，在 1—3 之间，属于适配非常理想；TLI、NFI、CFI 的值分别为 0.936、0.923、0.942，均达到适配良好水平，GFI 为 0.866，虽然没有达到大于 0.9 的水平，但是接近 0.9，因此其拟合性勉强可以接受；RESEA 值为 0.048，小于 0.05，达到良好适配水平；PGFI 值为 0.737，适配良好。总体而言，虽然有个别指标值未达到良好适配水平，但是对于由多项指标评价模型来说，要达到所有指标拟合良好是比较困难的，而本书已符合绝大多数指标均达到良好标准，可以得出模型适配较佳的结论（Hair et al., 1998）。

表 5 - 17　　　　　　　　整体结构模型适配检验结果

适配度评价指标	评价标准	指标值	适配情况
χ^2/df	1—5 之间	1.726	非常好
渐进残差均方和平方根（RMSEA）	<0.05	0.048	非常好
良适性适配指数（GFI）	>0.90	0.866	接近 0.9，可以接受
非基准适配指数（TLI）	>0.90	0.936	非常好
基准适配指数（NFI）	>0.90	0.923	非常好
比较适配指数（CFI）	>0.90	0.942	非常好
简约适配度指数（PGFI）	>0.50	0.737	非常好

（三）顾客价值的中介作用检验

对于中介作用的检验同样可以通过 SEM 完成，但变量之间的中介作用是否成立需要遵循以下条件（Baron and Keliny，1986）：（1）因变量直接对自变量回归，回归系数达到显著水平；（2）因变量对中介变量回归，回归系数达到显著水平；（3）中介变量对自变量回归，回归系数达到显著水平；（4）因变量同时对自变量和中介变量回归，中介变量的回归系数达到显著水平，自变量的回归系数减少或不显著（转引自郑兵云，2011）。当自变量的回归系数减少但仍然显著时，说明中介变量起部分中介作用；当自变量的回归系数不显著时，说明中介变量起完全中介作用。

具体到本书内容，将以上四个条件用图示方式进行解读。要检验顾客价值各变量对差异化战略和企业经营绩效之间是否有中介作用，需要对两个结构方程进行检验。一个方程用来检验差异化战略对企业经营绩效的影响，只有其回归系数显著，才能继续检验，否则可以判断起中介作用；另一个方程用来检验差异化战略对顾客价值的影响、顾客价值对企业经营绩效的影响及差异化战略对企业经营绩效的影响，即前文构建的整体结构模型（见图5-2）。经由上面的分析已知，差异化战略对顾客价值影响的回归系数显著；顾客价值对企业经营绩效影响的回归系数显著。

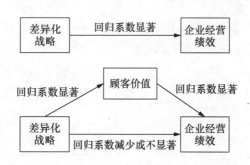

图5-3　本书的中介变量检验示意

接下来，需要构建差异化战略对企业绩效影响的结构方程模型、差异化战略对产品价值和产品价值对企业经营绩效影响的结构方程模型、差异化战略对成本价值和成本价值对企业经营绩效影响的结构方程模型、差异化战略对服务价值和服务价值对企业经营绩效影响的结构方程模型、差异化战略对情感价值和情感价值对企业经营绩效影响的结构方程模型，并对这五个模型进行检验，以判断是否存在产品价值、成本价值、服务价值和情感价值分别在其与差异化战略与企业经营绩效之间的中介作用（见图5-4至图5-8）。

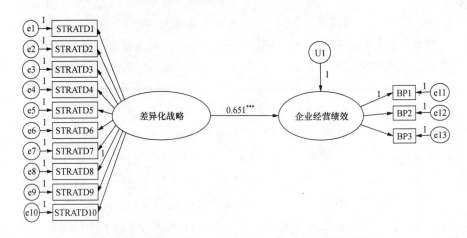

图 5 - 4   差异化战略对企业经营绩效影响的结构方程模型

图 5 - 4 的检验结果如表 5 - 18 所示。从表中可以看出，差异化战略对企业经营绩效的直接作用很明显，其影响路径系数为 0.651，且在 $p < 0.001$ 水平上显著，临界比 C. R. 为 10.243，各项适配指标均符合标准，显示模型适配良好。χ^2/df 值为 3.909，在 1—5 之间，适配水平可以接受；TLI、NFI、CFI 的值分别为 0.907、0.901、0.924，均达到适配良好水平，GFI 为 0.867，虽然没有达到大于 0.9 的水平，但是接近 0.9，因此其拟合性勉强可以接受；RESEA 值为 0.047，小于 0.05，达到良好适配水平；PGFI 值为 0.610，适配良好。基于以上分析，假设 H9 得以验证。

表 5 - 18   差异化战略对企业经营绩效影响的模型适配检验结果

路径	标准化系数	临界比 C. R.	p 值	对应假设	结论
BP←STRATD	0.651	10.243	* * *	H9	支持

适配指标值：$\chi^2/df = 3.909$, RESEA = 0.047, GFI = 0.867, TLI = 0.907, NFI = 0.901
CFI = 0.924, PGFI = 0.610

（1）产品价值在差异化战略与企业经营绩效之间的中介作用检验。通过构建的差异化战略、产品价值、企业经营绩效影响关系的结构方程模型（见图 5 - 5），经 AMOS 软件计算，差异化战略对产品价值影响的路径系数为 0.525，且在 $p < 0.001$ 水平上显著；产品价值对企业经营绩效影

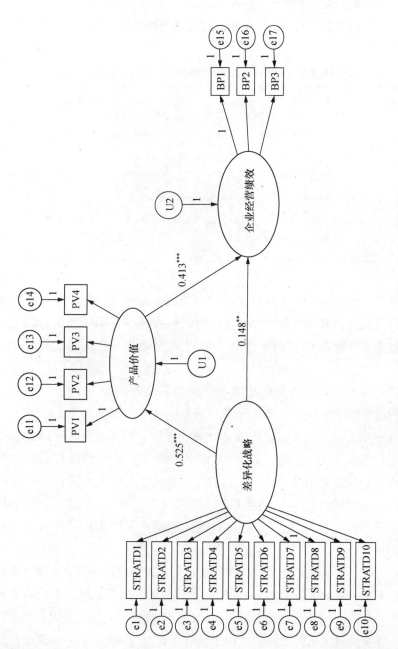

图 5 - 5　差异化战略、产品价值、企业经营绩效影响关系路径

响的路径系数为 0.413，且在 p < 0.001 水平上显著；差异化战略对企业经营绩效影响的路径系数为 0.148，且在 p < 0.01 水平上显著。各项适配度指标均达到或基本达到标准水平，模型适配情况良好（见表 5 - 19）。

表 5 - 19　　差异化战略、产品价值、企业经营绩效影响的模型适配检验结果

路径	标准化系数	临界比 C. R.	p 值	对应假设	结论
PV←STRATD	0.525	9.906	***		
BP←PV	0.413	5.434	***	H10	支持
BP←STRATD	0.148	2.508	**		

适配指标值：$\chi^2/df = 2.558$，RESEA = 0.070，GFI = 0.882，TLI = 0.932，NFI = 0.909
CFI = 0.942，PGFI = 0.669

由此可见，引入中介变量产品价值以后，差异化战略对企业绩效影响的路径系数由 0.651 变为 0.148，回归系数减少，但仍显著，说明产品价值在差异化战略与企业经营绩效之间起部分中介作用。假设 H10 成立。

（2）成本价值在差异化战略与企业经营绩效之间的中介作用检验。通过构建的差异化战略、成本价值、企业经营绩效影响关系的结构方程模型（见图 5 - 6），经 AMOS 软件计算，差异化战略对成本价值影响的路径系数为 0.278，且在 p < 0.001 水平上显著；成本价值对企业经营绩效影响的路径系数为 0.214，且在 p < 0.001 水平上显著；差异化战略对企业经营绩效影响的路径系数为 0.264，且在 p < 0.001 水平上显著。各项适配度指标均达到或基本达到标准水平，模型适配情况良好（见表 5 - 20）。

由此可见，引入中介变量成本价值以后，差异化战略对企业绩效影响的路径系数由 0.651 变为 0.264，回归系数减少，但仍显著，说明成本价值在差异化战略与企业经营绩效之间起部分中介作用，也就是说，差异化战略一方面通过成本价值的中介作用影响企业经营绩效，另一方面也对企业经营绩效直接产生作用。因此，假设 H11 成立。

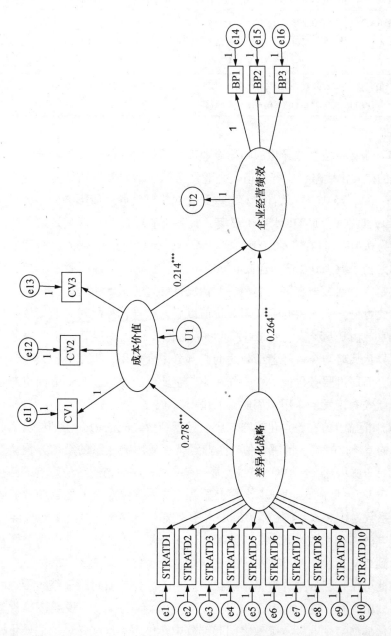

图5-6 差异化战略、成本价值、企业经营绩效影响关系路径

表 5 - 20　　差异化战略、成本价值、企业经营绩效影响的模型适配检验结果

路径	标准化系数	临界比 C. R.	p 值	对应假设	结论
CV←STRATD	0.278	5.245	＊＊＊		
BP←CV	0.214	3.292	＊＊＊	H11	支持
BP←STRATD	0.264	4.552	＊＊＊		

适配指标值：$\chi^2/df = 2.944$，RESEA $= 0.078$，GFI $= 0.877$，TLI $= 0.931$，NFI $= 0.915$
CFI $= 0.942$，PGFI $= 0.651$

（3）服务价值在差异化战略与企业经营绩效之间的中介作用检验。通过构建的差异化战略、服务价值、企业经营绩效影响关系的结构方程模型（见图 5 - 7），经 AMOS 软件计算，差异化战略对服务价值影响的路径系数为 0.419，且在 $p < 0.001$ 水平上显著；服务价值对企业经营绩效影响的路径系数为 0.417，且在 $p < 0.001$ 水平上显著；差异化战略对企业经营绩效影响的路径系数为 0.153，且在 $p < 0.01$ 水平上显著。各项适配度指标均达到或基本达到标准水平，模型适配情况良好（见表 5 - 21）。

由此可见，引入中介变量服务价值以后，差异化战略对企业绩效影响的路径系数由 0.651 变为 0.153，回归系数减少，但仍显著，说明服务价值在差异化战略与企业经营绩效之间起部分中介作用，也就是说，差异化战略一方面通过服务价值的中介作用影响企业经营绩效，另一方面也对企业经营绩效直接发生作用。因此，假设 H12 成立。

（4）情感价值在差异化战略与企业经营绩效之间的中介作用检验。通过构建的差异化战略、情感价值、企业经营绩效影响关系的结构方程模型（如图 5 - 8 所示），经 AMOS 软件计算，差异化战略对情感价值影响的路径系数为 0.285，且在 $p < 0.001$ 水平上显著；情感价值对企业经营绩效影响的路径系数为 0.466，且在 $p < 0.001$ 水平上显著；差异化战略对企业经营绩效影响的路径系数为 0.162，且在 $p < 0.01$ 水平上显著。各项适配度指标均达到或基本达到标准水平，模型适配情况良好（见表 5 - 22）。

由此可见，引入中介变量情感价值后，差异化战略对企业绩效影响的路径系数由 0.651 变为 0.162，回归系数减少，但仍显著，说明情感价值在差异化战略与企业经营绩效之间起部分中介作用，也就是说，差异化战略一方面通过情感的中介作用影响企业经营绩效，另一方面也对企业经营绩效直接产生作用。因此，假设 H13 成立。

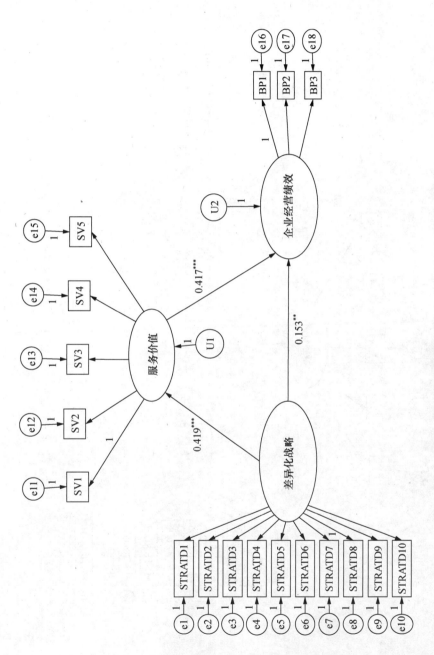

图 5 - 7 差异化战略、服务价值、企业经营绩效影响关系路径

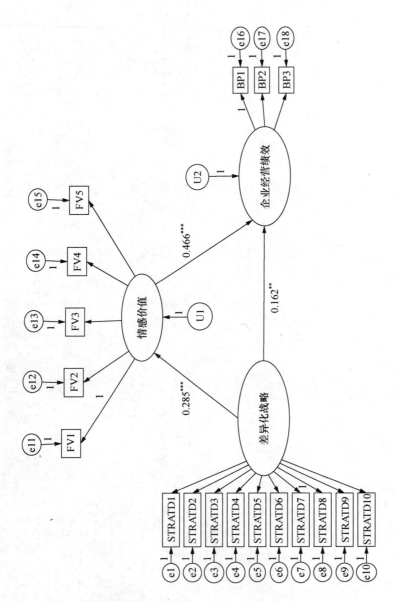

图 5 - 8　差异化战略、情感价值、企业经营绩效影响关系路径

表 5－21　　差异化战略、服务价值、企业经营绩效影响的模型适配检验结果

路径	标准化系数	临界比 C. R.	p 值	对应假设	结论
SV←STRATD	0.419	10.219	***		
BP←SV	0.417	4.129	***	H12	支持
BP←STRATD	0.153	2.593	**		

适配指标值：$\chi^2/df = 2.743$，RESEA = 0.074，GFI = 0.870，TLI = 0.917，NFI = 0.893
　　　　　　CFI = 0.929，PGFI = 0.672

表 5－22　　差异化战略、情感价值、企业经营绩效影响的模型适配检验结果

路径	标准化系数	临界比 C. R.	p 值	对应假设	结论
FV←STRATD	0.285	5.938	***		
BP←FV	0.466	5.825	***	H13	支持
BP←STRATD	0.162	2.793	**		

适配指标值：$\chi^2/df = 2.550$，RESEA = 0.070，GFI = 0.878，TLI = 0.929，NFI = 0.903
　　　　　　CFI = 0.938，PGFI = 0.678

第三节　结果分析与讨论

一　实证研究结果总结

本章通过对问卷调查获得的 320 份有效样本进行分析，并运用因子分析、结构方程模型等方法实证分析了在线旅游企业的差异化战略、顾客价值、企业经营绩效之间的影响作用机理以及顾客价值在差异化战略与企业经营绩效之间的中介作用，对前文提出的研究假设进行了检验，现将实证研究结果归纳如表 5－23 所示。

二　结果讨论与分析

本书的结构方程模型检验结果表明，在线旅游企业的差异化战略对顾客价值具有重要的正向影响，同时通过顾客价值的中介作用，促进了企业经营绩效的提高。

表 5 – 23　　　　　　　　　　　本书假设的检验结果汇总

假设编号	假设内容	结论
假设 H1	差异化对顾客感知到的产品价值具有正向影响	支持
假设 H2	差异化对顾客感知到的成本价值具有正向影响	支持
假设 H3	差异化对顾客感知到的服务价值具有正向影响	支持
假设 H4	差异化对顾客感知到的情感价值具有正向影响	支持
假设 H5	顾客感知到的产品价值对企业经营绩效具有正向影响	支持
假设 H6	顾客感知到的成本价值对企业经营绩效具有正向影响	支持
假设 H7	顾客感知到的服务价值对企业经营绩效具有正向影响	支持
假设 H8	顾客感知到的情感价值对企业经营绩效具有正向影响	支持
假设 H9	差异化战略对企业经营绩效具有正向影响	支持
假设 H10	顾客感知到的产品价值在差异化战略和企业经营绩效之间起中介作用	支持
假设 H11	顾客感知到的成本价值在差异化战略和企业经营绩效之间起中介作用	支持
假设 H12	顾客感知到的服务价值在差异化战略和企业经营绩效之间起中介作用	支持
假设 H13	顾客感知到的情感价值在差异化战略和企业经营绩效之间起中介作用	支持

（一）差异化战略对顾客价值的影响作用

实证研究结果表明，差异化对顾客价值的四个维度均有正向影响，且达到显著水平，但影响程度不同。具体来说，差异化战略对产品价值的影响程度最明显，其影响的路径系数为 0.577（p < 0.001），说明对于在线旅游企业来说，实施差异化战略的基础是产品的差异化。产品的差异化与在线旅游企业所依存的信息和网络技术不无关系。因为基于信息技术的应用，在线旅游企业可以向顾客提供独特性的在线旅游产品预订模式，而这些新型预订模式所对应的往往就是产品的独特性；同时，致力于产品差异化战略，可以更好地满足特定细分市场的需求，也能使企业在此过程中增强专业性，进而提高产品质量和可靠性。另外，借用信息技术，企业可以为顾客提供详细的、围绕主产品的附加信息，这些信息相当于顾客消费主产品时的赠品。比如，顾客预订了一家酒店，网站会根据顾客的选择为顾客提供所定酒店周边的购物、娱乐、美食等相关消费信息，这种围绕主产品的独特性关照往往更能为顾客创造价值。

差异化战略对顾客感知的成本价值具有显著的正向影响，其影响路径系数为 0.279（p < 0.001）。这充分说明，对于在线旅游企业而言，能够

将差异化和成本控制进行很好融合。作为互联网型企业，一方面，在线旅游企业可以通过 UGC（用户生成内容）等模式鼓励顾客参与创新来转移成本、借用微博营销和社交网站营销等新型营销模式实现规模经济、通过细分市场的专业化技术来降低单位成本；另一方面，信息技术依存型企业的差异化未必意味一定会增加成本，信息技术的合理使用在某种程度上能够化解差异化的成本。差异化与成本控制的有效融合，使得顾客感觉在在线旅游网站能够买到价格合理的产品，甚至是物超所值的产品，而且会节约时间、精力、减少交通成本等。

差异化战略对顾客感知的服务价值具有显著的正向影响，其影响路径系数为 0.418（p＜0.001）。研究表明，服务对在线旅游企业的顾客满意以及顾客忠诚起着越来越重要的作用，当行业竞争处于激烈状态时，服务创造顾客价值的功能则更为突出（鲁桂华等，2005）。在线旅游网站通过为顾客提供个性化服务、对顾客的需求和相关问题迅速反馈、提供个性化产品推荐服务、处理好顾客的投诉，并能够保障支付以及信息安全等差异化服务内容，以保障顾客在消费主体产品时的延伸利益。事实上，差异化服务是软件，较之主体产品，更难以被竞争对手模仿，所以，通过提供差异化服务来延伸主体产品的差异化，可以规避由于产品趋同造成的价格竞争和盈利水平下降，从而使企业获得持续竞争优势。

差异化战略对顾客感知的情感价值具有显著的正向影响，其影响路径系数为 0.283（p＜0.001）。注重差异化的企业势必注重市场细分和企业在市场上明确的定位，这是企业进行品牌塑造的基础，然后结合现代营销手段，向目标受众传递企业价值以及品牌理念。显然，在线旅游企业的差异化战略所实现的企业品牌形象与当今顾客追求价值诉求的需求变化更能相互匹配。同时，网站通过会员管理、鼓励参与等具体措施，也为顾客与企业之间搭建了更紧密的联系通道，从而使顾客从情感上与企业产生共鸣，并形成消费的忠诚。

（二）顾客价值对企业经营绩效的影响作用

实证研究结果表明，顾客价值的四个维度对用销售增长率、利润增长率和市场占有率三个指标度量的企业经营绩效有正向影响作用，且达到显著水平，但四个维度对其影响的程度不同。

整体结构方程模型检验结果显示，顾客感知的产品价值对企业经营绩效具有正向影响作用，其影响路径系数为 0.503，且在 p＜0.001 水平上显著。这表明，产品本身能够满足顾客需求、产品质量可靠、与产品相关的信息充足以及人性化的网站设计界面等产品价值内容是吸引顾客关注的最重要的因素，并因此产生购买行为，为企业创造经营绩效。

顾客感知的成本价值对企业经营绩效具有正向影响作用，其影响路径系数为 0.206，且在 p < 0.001 水平上显著。与其他顾客价值因素相比，成本价值对企业经营绩效的贡献率相对较低，这主要是源于企业在兼顾差异化和成本控制时牺牲了部分利益，这样可以使顾客在享受差异化价值的同时，也能购买到价格实惠、甚至是物超所值的旅游产品。但这种牺牲具有暂时性，当差异化基础上的规模经济形成以后，企业经营绩效会大幅增加。因为目前我国在线旅游企业发展还不成熟，企业竞争战略引致企业经营绩效成长的固定逻辑尚未形成。可以说，本书所得出的成本价值对企业经营绩效影响的程度系数也只是"发展中的状态"。可以预见，差异化基础上的成本控制将是企业战略实施的主要关注点。唯有如此，企业才能在激烈的竞争中胜出，因此，未来顾客感知的成本价值对在线旅游企业经营绩效会有更大的贡献。

顾客感知的服务价值对企业经营绩效具有正向影响作用，其影响的路径系数为 0.415，且在 p < 0.001 水平上显著，这说明，顾客感知企业提供的服务价值会转化为企业的经营绩效。事实上，已有多项研究成果证明，企业为顾客提供的优质服务会为企业带来较高的顾客绩效（Dresner and Xu, 1995；Santos - Vijande et al., 2012；Kim et al., 2007），这里的顾客绩效主要指的是顾客满意、顾客忠诚、感知价值增加等内容，而顾客绩效会直接影响企业经营绩效（Scharitzer and Kouarits, 2000；Rust & Zahorik, 1993；Kim et al., 2007）。本书也证明了已有相关研究在在线旅游企业具有相似的结论。

顾客感知的情感价值对企业经营绩效具有正向影响作用，其影响的路径系数为 0.468，且在 p < 0.001 水平上显著。与产品价值、成本价值以及服务价值相比，顾客感知到的情感价值具有较强的持续性和稳定性，因为当顾客对于企业的理念与形象产生价值认同，并在交互中产生愉悦、开心、满意、成就感等情感要素的升华，那么，顾客对于企业及其产品具有较强的黏性，顾客也会将获得的情感价值转化为企业价值，为企业创造经营绩效。

（三）顾客价值在差异化战略与企业经营绩效之间的中介作用

本书通过构建差异化战略、顾客价值各维度及企业经营绩效的结构方程模型并对其进行检验，并与差异化战略和企业经营绩效结构方程模型的回归系数进行比较，分别验证了产品价值、成本价值、服务价值及情感价值在差异化战略与企业经营绩效之间均起到部分中介作用。这说明，顾客价值是企业差异化的出发点和落脚点，不能满足顾客需求的差异化没有任何意义。相应的，创造了顾客价值的差异化将为企业创造绩效。需要说明的是，各顾客价值均在差异化和企业经营绩效之间起部分中介作用而非完全中介作用，这是因为，本书程序是分别构建了结构方程模型进行检验，而又因为差异化与其他未列入的顾客价值项目高度相关，所以，差异化战略本身就包含了其他未检验顾客价值维度的信息，这些信息与待检验中介变量一起影响企业经营绩效。

本章小结

本章对第四章构建的理论模型和研究假设，采用国内外已开发量表和专家访谈相结合的方法，并根据研究目的加以修改，来设计调查问卷的测量指标和题项，并选取一定数量的调查样木，收集数据，借助统计分析工具 SPSS，进行了数据的描述性统计和测量的信度、效度分析，然后通过结构方程模型软件 AMOS 对顾客价值导向的差异化战略对在线旅游企业经营绩效的影响机制理论模型及研究假设进行验证与分析。结果表明，在线旅游企业差异化战略对顾客价值四个维度均具有正向影响；顾客价值四个维度对企业经营绩效均具有正向影响；顾客价值四个维度在差异化战略与企业经营绩效之间均起部分中介作用。

第六章 在线旅游企业差异化战略的构建策略

前文第五章的实证研究结果表明，基于顾客价值导向的在线旅游企业差异化战略对企业经营绩效具有显著的正向影响。这说明，在竞争战略选择的问题上，在线旅游企业应该实施差异化战略，同时差异化战略应以顾客价值创造为导向。因此，根据实证研究的结果，本章将从在线旅游企业实施差异化战略的路径以及差异化的成本控制两个方面提出在线旅游企业差异化战略的构建策略。

第一节 在线旅游企业差异化战略路径

一 产品差异化战略

产品（包含有形产品和无形的服务性产品）是顾客购买来用以满足自身某种需求的，产品是顾客价值实现的基础，没有产品，其他价值将无从谈起。因此，在线旅游企业要以顾客价值为导向实施差异化，产品差异化战略是基础。本书从四个方面探讨在线旅游企业如何实施产品差异化战略。

（一）产品功能的差异化

旅游产品是一个综合的概念，包含吃、住、行、游、购和娱六大要素，分别满足顾客旅游过程中的不同需求。在线旅游企业应该利用旅游产品综合性特点，在产品功能上实施差异化，比如，有的企业专注于旅游中的"行"的产品，有的则满足顾客旅游中"住"的需要。这样既可以规避由于盲目模仿导致的产品同质化问题，也有利于发展企业的专业化优势。目前，在我国在线旅游市场上，基于产品功能的差异化，已经初步形成了几种类别，但整体特点尚不明显。第一类是在线旅游综合网站，它提供满足多项顾客需求的综合旅游产品，比如携程旅行网（www. ctrip. com）、艺龙旅行网（www. elong. com）、去哪儿网（www. qunar. com）等。以携程旅行网为例，它是中国领先的在线旅游企业，目前，向超过1400万会员提供集酒店预订、机票及火车票预订、旅游预订、商旅管理、特惠商户及旅游资讯在内的全方位旅游服务。第二类在线旅游企业以满足顾客旅游过程中的部分旅游需求为特点，向顾客提供某个或某几个旅游产品，比如到到网（www. daodao. com）、蚂蜂窝（www. mafengwo. cn）、七天连锁酒店官网（www. 7daysinn. cn）等。以到到网为例，到到网是全球最大的旅游网站 TripAdvisor 的中国官网，TripAdvisor 提供真实旅行者的真实评论，帮助旅行者计划全套旅行方案，并提供预订链接。到到网的定位是"到到网不是旅行社，也不是旅游预订服务代理商，我们提供免费、客观、公正的旅游资讯服务"①，并通过向合作在线旅游企业收取网站点击费、订单分成、向线下旅游企业收取品牌广告费等方式获得收益。

由此可见，在线旅游企业可以从不同角度满足顾客的需求。当某一种类型的企业数量过多、竞争过于激烈的时候，盲目地模仿已有成功企业的产品，只会导致行业中出现严重的产品同质化问题和由此产生的恶性竞争。因此，可以通过细致分析顾客的需求以及市场发展现状，推出基于功能差异化的特色产品，为顾客创造新的价值。比如，结合目前我国居民的出国旅游消费需求日益高涨，可以专注于做在线国际旅游产品；或者针对目前自驾游的趋势越来越明显，可以致力于发展在线租车的业务等。总而言之，通过深入挖掘顾客的需求信息，进而推出满足顾客不同需求的、独特的在线旅游产品，企业才能在激烈的竞争中脱颖而出。

（二）产品提供方式的差异化

第一，商业模式差异化引致不同的产品提供方式。对于企业来说，即使产品相同或类似，但为顾客提供产品的模式不同，也会为顾客创造独特价值，并为企业创造突出的业绩。比如戴尔公司同样是电脑公司，但由于戴尔采用了直销模式，即其向顾客提供产品的方式不同，这种独特的模式也成就了戴尔的辉煌。在信息技术和互联网快速发展的今天，企业更能在产品提供方式上做文章，以全面提高顾客的价值。为了应对激烈的竞争环境，目前我国在线旅游企业纷纷推出了一些新型的旅游产品预订模式，比

---

① 到到网：《到到简介》，http：//www. daodao. com/，2013 年 10 月 11 日。

如团购、尾房、C2B 逆向选择、Last minute 等，模式具体操作虽然有别，但它们具有明显的共性：整合剩余资源，为顾客提供高性价比的旅游产品。以在线酒店预订为例，酒店的固定成本高，边际成本非常低，因此，酒店对其客房的销售始终存在迫切的需求，这就为酒店在线预订运营商提供了分时段、分区域、分层次整合的可能，而整合的关键在于拉近产品上游与顾客的距离，运营商通过整合的过程为顾客提供决策依据和解决方案，而不仅仅是提供产品和服务，实现这个目标的路径，就是创造新的产品提供方式。

第二，产品展示技术的应用能够向顾客提供更直观的产品信息。现代电子商务的发展让人们的生活变得更方便，但是通过文字描述和平面图像展示产品信息的方式还是让很多消费者不能放心网购。Web3D（网上产品三维展示）作为一种最先进的网上物品浏览技术，它可以从各个方位360°的任意角度观察产品，具有全方位、互动式、两维与三维结合的特点。通过 Web3D 技术的运用，可以让消费者更直观地感受产品，并进行交互式操作，带来如现实一般的购物感受，实现虚拟的现实（Virtual Reality）。比如，度假酒店客房的在线三维展示、旅游景点的在线三维展示等，三维展示技术的应用无疑提高了产品的可信度，更能促进顾客产生购买意向。

第三，移动技术创新引致不同的产品提供方式。世界的移动化趋势已不可逆转，移动技术推动了移动商务的发展。移动商务具有的移动性、即时联通性、个性化、定位功能和随时随地可用的特点受到了用户的青睐，同时也得到了各类企业的关注，尤其是传统电子商务运营商。目前，我国主流的 OTA 网站、垂直搜索、连锁酒店直销平台都针对主流的智能操作系统平台研发了移动应用产品，比如目前下载量比较大的移动应用软件（APP）有去哪儿、携程、艺龙、酒店管家等。随着智能手机的普及，顾客用手机就可以实现随时随地预订旅游产品。在移动商务领域，有学者引入了情景感知服务（Context Sensitive Service，CSS），即认为移动服务与用户所处的情景有着密切关系，情景可以理解为人们在某时某刻所处的环境以及由此产生的不同需求，情景感知服务通过获得顾客所在位置而预测其所处的情景，提供用户可能的需求信息（Siau，Lim and Shen，2001；Lehikoinen，2002；Efraim Turban et al.，2007）。在线旅游企业在推出移动智能客户端时，可以利用移动定位等功能丰富用户的服务范围，针对用户的个性化需求提供定制化的服务，将移动终端的特性和优势充分发挥出来。比如"今夜酒店特价"是一款在 iPhone 上发布的应用程序，它专注于以超低价销售酒店剩余客房。如果消费者想要就近找到合适的酒店，就可以在晚上六点以后打开这个 APP，通过 LBS 定位搜索自己周边的酒店，用手机支付房费后即可入住。移动互联网技术促成特定情境下的人和旅游剩余资源之间的相互发现，并使各方受益。

（三）市场细分导向的产品差异化

随着竞争的日益激烈，和一般商业规律一样，电子商务也势必由大一统走向垂直细分。事实证明，只有立足于一个明确的垂直细分顾客群，集中优势资源为他们提供差异化的优质服务，企业才能更好地营利。目前，我国在线旅游市场已步入异常激烈的竞争格局，要在已有市场格局下实现突破，就需要进行深度的市场细分，企业根据市场细分情况，结合自身发展条件，满足特定的细分市场的需求，从而从小市场中做出大文章。举例来说，第一，可以实施基于性别细分的产品差异化战略。因为，在世界范围来讲，80%的消费决策都是由女性作出的，而在我国女性在购买家居用品、度假等方面则拥有90%的决策权，同时，女性群体已经成为电子商务、网络社交最活跃的人群①，《经济学人》用"女性经济"来表明女性对商业世界的贡献。在现实世界，已经有针对女性消费特点的女性客房或女性酒店，在虚拟世界也可以考虑设计针对女性消费者的产品或营销方式。第二，可以实施基于旅游目的细分的产品差异化战略。比如，随着会议、会展等商务活动的日益频繁，在线旅游企业可以专注于发展商旅服务性产品，为各类企业、行业协会、社团组织、政府部门等不同顾客提供定制化的专业商旅产品。第三，可以实施基于顾客兴趣细分的产品差异化战略。当今时代，顾客需求越来越多元化和个性化，这一需求特点在旅游领域亦很明显，比如，有的顾客喜欢热带风光，有的顾客向往冰雪风貌；有的顾客选择跟团旅游，有的顾客则偏爱自助游等。顾客需求的多样性，为在线旅游企业实施产品差异化战略创造了条件。集中优势力量服务好一个细分市场比挤进一个竞争已经异常激烈的市场更有盈利的空间和发展的可能。

---

① 沈拓：《不一样的平台：移动互联网时代的商业模式创新》，人民邮电出版社 2012 年版，第 93—95 页。

（四）战略联盟导向的产品差异化

第一，在线旅游企业与社交网站的战略联盟。在分享经济时代，社交类网站获得了空前发展。这类网站是大型流量黏着平台，汇集了巨大的顾客资源，其模式核心在于实现海量用户的流量黏着，再通过广告、增值服务、撮合交易等方式实现流量变现。而作为广大的电商企业来说，迫切希望拓宽门户入口的宽度，获得用户流量的移入，社交网站是其最好的合作伙伴。社交网站除了用户流量大之外，用户的转移成本很高，因此用户黏着性强。由此，内容提供商与流量大户的交互可以实现资源互补、合作共赢的创新型商业模式，在线旅游网站要千方百计地与这些网站建立战略联盟，叠加社区要素，增强自身的社会化程度，才能扩展顾客源，实现企业价值来源的多维化。以新浪微博、腾讯QQ、腾讯微博为代表的社会化媒体和以人人网、开心网、天涯等为代表的社区网站是当前主流大型流量黏着平台。在线旅游企业与这些社交网站进行战略联盟，可以尝试联合开发在线旅游产品。比如，七天连锁酒店推出了"快乐七天"的SNS社区，用网站社区化方式提高会员顾客的黏性；芒果与华为合作推出移动互联网应用"势力邦"，通过联合开发产品占据流量资源；酷讯与SNS巨头开心网就产品应用开展深度合作，借力开心网千万白领会员将巨大的用户流转化为现金流。

第二，在线旅游企业之间的战略联盟。在线旅游企业需要以价值网的视角来思考自身发展，任何一家企业只是价值网中的一点，其发展需要协同网中其他成员的力量共同创造价值，而价值网协同的关键在于构建有利益互动关系的合作组织，产生彼此依赖，一荣共荣的局面，这就需要想方设法缔结利益共同体，这个过程会创新产品或产品的提供方式。以在线酒店预订为例，假设 Ai 是酒店束，它要么通过自己的预订平台销售酒店产品，要么借助于与酒店在线预订运营商 Bi 的合作进行产品销售；Bi 具有庞大的酒店资源，是酒店主要的在线分销商。顾客在选择 Ai 或 Bi 预订酒店时，总想能预订到性价比最高的酒店，于是就需要花费很多的时间和精力去搜寻信息。为了能够节约顾客的搜索成本，并且让顾客预订到最合适的酒店，就需要一个第三方 Ci 去整合 Ai 和 Bi 的产品信息，然后将整合好的众多酒店的比价及评价信息一目了然地呈献给顾客，Ci 就是专于酒店在线预订的垂直搜索引擎。酒店束 Ai、酒店在线预订运营商 Bi 和垂直搜索引擎 Ci 就构成了利益共同体，Ai 依赖于 Bi 和 Ci 出售产品，Bi 依赖 Ci

出售产品，Ci 依赖 Ai 和 Bi 的产品信息，三者在相互依存中为顾客创造了独特价值，同时也实现自身价值，这种合作组织利益联系越紧密，价值创造越多。

二　服务差异化战略

(一) 技术创新导向的服务差异化

差异化必然意味着创新，对于电子商务类企业来说更是如此。

1. 智能技术的应用

电子商务的优势是为顾客提供方便、优惠和个性化的服务。信息是电子商务类企业最重要的资源，企业利用收集的顾客信息，借以分析顾客的消费行为，从中发现顾客的消费偏好，进而利用个性化的网络营销和服务促进顾客产生购买决策，这是智能技术应用的基本思路。

(1) 电子商务推荐系统。日常生活中，依赖他人的推荐做出购买决策比较常见，在网络购物中，这种情况更为普遍。据此，电子商务推荐系统应运而生，它像是一个系统的导购员，可以通过获取某些顾客信息、整合分析并产生推荐建议。同时，顾客的需求越来越高，顾客更加期望能够得到个性化的产品和服务，推荐系统可以利用信息技术带来的便利，针对顾客的偏好、以前的选择内容及方式、所购买商品的内在关联，从而提供相关推荐、捆绑销售等多种形式的服务信息（赵卫东、黄丽华，2011）。比如，顾客在在线旅游网站上预订了到云南昆明的机票，网站会根据顾客的选择向顾客推荐酒店、周边旅游线路、美食等相关旅游产品信息，为顾客进行相关消费带来了便利，并促进顾客产生二次消费。

(2) 网络评价系统。2008 年艾瑞咨询网关于《中国网民购买决策研究报告》的调查显示[①]，用户评论是影响网民产生购买决策的主要因素之一，约七成的用户在决定是否购买时会参考其他用户的评论信息。目前，我国主要的在线旅游企业都设置了顾客评价版块，并根据顾客的真实评价对在线旅游产品进行等级分类，然后据此向目标顾客进行推荐。除此之外，针对顾客对评价信息的重视，有些在线旅游企业将评价信息产品化，即网站向顾客提供免费的评价信息，以帮助顾客做出购买决策，如前文提到的到到网。

---

① 艾瑞网：《网民网购行为研究验证用户评论对网购决策影响较大》，http：//ec. ire-search. cn/shopping, /20090119/90028. shtml，2009 年 1 月 20 日。

（3）垂直搜索引擎。随着电子商务的快速发展，购物信息呈现爆炸式增长，信息过载导致顾客将大量的时间和精力用在搜寻想要的信息上，为了解决这个问题，垂直搜索引擎就诞生了。垂直搜索，是针对特定的专业领域或行业的内容进行分析挖掘，精细分类，过滤筛选的专业搜索。酷讯旅游网（www. kuxun. cn）是中国领先的在线旅游媒体和专业的旅游搜索引擎，是全球最大在线旅游媒体 TripAdvisor 旗下企业，酷讯旅游凭借领先的垂直搜索技术，为旅行消费者提供国内外机票、酒店、火车票、度假和旅游指南的专业搜索服务，并利用先进的数据挖掘和智能推荐等技术手段，通过实时整合、辨识、处理海量旅行产品数据，为用户提供最新最准确的旅行产品价格和信息，从而帮助用户高效地选择适合自己的旅行产品①。

（4）数据分析技术。电子商务最大的特点就是数据来源丰富，而随着技术的进步，数据越来越容易被收集。这些信息包括顾客的注册信息、线上调查、Web 页面浏览信息、购买历史、顾客反馈、顾客评价等多个方面。数据分析技术就是采用统计、在线分析处理、数据挖掘等各种数据分析方法，分析潜在的、顾客感兴趣的规则或模式，借以提高顾客的个性化服务水平和创造更高的顾客价值。其中，关联分析方法在旅游网站中利用较为普遍，它是指网站从大量的顾客交易记录中发现潜在的关联关系，这些关系反映了顾客的消费行为及偏好，可以用来预测顾客未来的购物需求，并向其进行适时推荐。比如，当顾客在网站上购买了一张单程的机票，那么，网站就可以根据顾客的消费记录进行关联分析，预测顾客可能需要一张返程的机票，然后将返程航班的相关信息提供给顾客。

2. 支付体系

支付方式及其安全性是顾客首要考虑的问题，直接关系到交易的成败。随着电子商务的广泛发展，电子支付方式越来越丰富，且安全性逐渐提高。目前，我国大多数在线旅游企业都已采用安全系数较高的电子支付手段。除了部分商家的在线酒店预订允许"到店现付"之外，主流在线旅游企业都开发了自己的支付平台，并和时下通用的，且安全系数较高的如支付宝、财付通、网银在线、快钱等第三方支付平台展开合作，大大提高了顾客购买的支付安全。随着移动技术的发展，手机支付、线下便利支

① 酷讯网：《酷讯网简介》，http：//home. kuxun. cn/about/，2011 年 12 月 1 日。

付等支付手段开始被在线旅游企业运用。支付的安全性和便利性增强也将大大提高顾客的购买意愿。

3. 信用安全体系

电子商务的信息安全是影响电子商务成败的重要因素。电子商务中存在的信息截获、窃取、恶意代码、黑客入侵、信用卡欺诈、交易抵赖等行为严重影响了电子商务的购物环境。构建用以保障消费者电子商务购物中的个人信息安全、支付安全及商家的交易承诺性的信用安全体系是电子商务可持续发展的关键所在。现代防火墙技术、加密技术及数字签名技术是基于技术方面的信用安全体系，这三种技术一定程度保障了电子商务的安全性。加之第三方支付技术在电子商务中的运用，避免了买卖双方的交易失信行为，改善电子商务的安全购物环境。除此之外，由于顾客购买决策最关注的因素是商家的美誉度，而美誉度的建立来源于顾客的评价，因此，完善顾客关系管理，获得良好的口碑效应，以此来提升网站的信用等级。

（二）顾客需求的快速响应

快速响应（Quick Response，QR），起源于美国纺织服装业的供应链管理方法，后来在制造业、零售业中被广泛运用，其目的是减少原材料到销售点的时间和整个供应链上的库存，最大限度提高供应链管理的运作效率。快速响应现已应用到各个商业领域，企业快速响应时间越短，越能把握更多商机，从而给顾客创造更大的价值，为企业带来更大的利润。在现代电子商务企业，除了产品本身的特质之外，企业之间比拼的就是如何以比竞争对手更快的速度获悉并满足顾客需求，快速响应是提高顾客整体服务水平的一种有效的管理手段，即企业在正确的时间、正确的地点用正确的商品来响应消费者的需求。在激烈的竞争环境下，快速响应是企业保持自身成长的重要因素，也是现代企业非常重要的一个指标。

对于在线旅游企业来说，快速响应对提高顾客的整体价值体验具有重要影响。快速响应从根本上来说就是对顾客需求所作出的快速反应，包括预知需求、了解需求和满足需求几个方面。

第一，快速响应要求企业能够准确预测顾客的需求，并通过一定的营销手段及时与顾客接触。比如，对于丰富的旅游市场来说，学生市场日益成为一股重要的消费力量，除了日益增长的消费能力，他们对网络购物等新型消费模式有着天然的敏感性，这也使得学生市场成为在线旅游企业重点关注的对象。那么，重要的节假日、寒暑假就是在线旅游企业争夺学生市场的重要契机，在这些时间点来临之前，企业通过预测需求，然后向目标顾客提供有针对性的营销方案，在合适的时间为顾客提供合适的产品及服务。

第二，快速响应要求企业能够充分了解顾客的需求，并作出适时反应。这里有两个关键点，一是如何了解到顾客真正的需求；二是如何对顾客需求快速响应，即知与行的统一。要做到第一点，需要企业倾听顾客真实的声音，比如建立顾客真实评价板块，并对顾客评价进行细致分析，对于重点问题进行跟踪访问；建立完善的和易于操作的顾客沟通平台，做到顾客购前咨询、购后反馈的全接触服务。而要做到对顾客需求的快速响应，则需要企业具备系统的敏感性，优化企业内部信息沟通流程，建立基于信息技术的多渠道沟通机制。

（三）完善的售后服务

售后服务，就是在商品出售以后企业所提供的各种服务活动。一般认为，售后服务是出售有形产品必须经历的环节，比如设备的安装、调试、维修等，实际上，在现代服务型行业，售后服务发挥了更加重要的功能。

第一，良好的售后服务是保持顾客满意、形成顾客忠诚的有效手段。对于顾客来说，具有购后企业承诺的惯性需求，即人们对过去做过的事情有一种强烈连贯性的需求，希望维持一切原有的承诺、态度等。因此，顾客购买完成并不是企业服务的完结，企业还应该以一贯的良好态度服务于顾客，让顾客获得满意情绪的持续性，并由此产生对企业的信任和忠诚。

第二，良好的售后服务是扩展品牌影响力的有效手段。虽然对于售前服务的好或坏的评价会直接导致顾客是否产生购买决策，但即便是好的服务，也很难在顾客心中留下太深的印象。而良好的售后服务则不同，它往往在顾客的期望之外。相比之下，更能够为顾客带来惊喜，并由此在顾客心中留下深刻的印象。顾客会将这种好的印象进行无意识传播，从而形成良好的口碑效应，对于企业品牌的推广具有重要的作用。比如，顾客在携程网上购买了机票，在出发日的前一天携程会向顾客发送提示短信，短信内容除了提醒顾客航班的时间等基本信息之外，还会告诉顾客目的地的天气情况，提示顾客提前做好相应的准备。这种贴心的服务，无形之中就拉近了顾客与企业之间的距离。

第三，良好的售后服务可以使企业获得二次销售机会或者挖掘顾客更进一步消费需求。顾客通过在线旅游网站购买旅游产品，方便、快捷，但由于毁约成本较低，因此顾客也容易更换订单甚至取消订单。当顾客取消订单时，最常见的情况是企业的服务从一开始的热情如火降到寒冷如冰。事实上，取消订单的顾客可能随时还会光顾，美国的一项调查显示，在旅游网站取消了订单的客人中有90%以后仍会来预订①，由此可见，将良好的服务贯彻始终，即便是对结束交易的顾客也是如此，这样企业才会获得未来的销售机会。除此之外，企业应由被动的解决困难、处理投诉式的售后服务变为主动的提供售后服务，通过建立完善的顾客档案，进行周期性的跟踪服务、提供信息咨询服务等，这样可以在顾客的消费经历和服务过程中挖掘出顾客未来的需求信息，并据此进行适时营销，从而获得长期的合作机会。

三　情感要素差异化战略

顾客的情感价值属于无形价值范畴，它超越了顾客的基本需求，是顾客在基本需求基础上更高的精神追求，比如品牌、企业形象等。情感要素之所以能够创造顾客价值，是因为这些要素对于顾客来说具有某种象征意义，比如更高的可靠性、更好的产品品质、更周到的服务等；同时，企业品牌、企业形象等要素往往是企业价值理念的凝结，顾客对企业品牌或企业形象的认同，其实是对企业价值的认同，这属于人的情感层次的东西；再者，现代信息技术的应用，使得企业与顾客之间的联系更加紧密，通过顾客关系管理，可以深入了解顾客的真实想法，并更好地满足顾客的需求，从而增强顾客的满意度和忠诚度。另外，吸引顾客参与到企业产品和服务的设计中来，为顾客提供表达自己需求和愿望的平台，使顾客成为企业的价值共创者，这对于顾客的情感表达和价值认同具有重要的作用。鉴于情感要素在顾客价值创造中的重要作用，本书从四个方面探讨在线旅游企业如何实施情感要素差异化战略。

（一）品牌差异化

品牌差异化是指为品牌在消费者心目中占领一个特殊的位置，以区别于竞争品牌的卖点和市场地位。品牌差异化是系统工程，包括品牌定位差异化、品牌设计差异化和品牌传播差异化。

---

① 刘伟：《前厅与客房管理》，高等教育出版社2012年版，第27页。

1. 品牌定位差异化

品牌定位差异化是指企业对自身产品在特殊功能、文化价值及个性差异上的商业性决策，它是建立与众不同的品牌形象的过程和结果。品牌差异化定位的目的就是将产品的核心优势或个性差异转化为品牌，以满足目标消费者的个性需求。成功的品牌都有区别于其竞争对手的差异化特征，这种差异化特征符合某些顾客的需求，企业进而通过特定的方式将品牌定位信息准确传达给目标顾客，从而在目标顾客心中占领一个有利的位置。在具体实施方法上，品牌定位差异化可以从功能定位、质量定位、服务定位、情感诉求定位四个方面予以实现。功能定位就是企业突出产品独特的功能，使其在同类产品中有明显区别，以增加其竞争力。功能定位以同类产品定位为基础，选择有别于同类产品的优异性作为定位的重点。[①] 质量定位是指以企业所提供产品的质量等级和档次作为品牌定位的依据。服务定位是指以企业向顾客提供的服务内容、服务水平作为品牌定位的依据。情感诉求定位是以品牌所包含的文化理念和情感价值为基础，通过特定的定位过程向目标顾客传递品牌价值思想，并使顾客产生价值共鸣。

2. 品牌设计差异化

品牌需要设计和规划，品牌要实现差异化则需要持续创新。品牌差异化首先从产品设计差异化开始，同质化的产品最终只会导致行业间的价格竞争；只有依靠价值的竞争才能在市场中处于核心优势。产品设计差异化，包括产品满足顾客需求的功能差异化、品质差异化、产品提供方式差异化、产品附加价值差异化等多个方面。同时，品牌设计还包含品牌创意及品牌的命名，要实现品牌的差异化，品牌名应简洁醒目、易读易记；构思巧妙，并且能够暗示产品的属性；避免雷同、独具一格；同时，成功的品牌往往富有内涵，能够传递情感价值。

3. 品牌传播差异化

品牌传播，是指企业将品牌的核心价值通过一定的传播媒介和传播手段，向目标顾客推广的过程，以建立品牌的市场形象，并促进市场销售。品牌传播差异化就是品牌传播的手段和媒介的与众不同（熊胜绪，2009）。对于在线旅游企业的品牌传播来说，广告是其主要的传播手段。通过综览主要在线旅游企业选择的广告传播媒介及其传播方式，本书总结

---

① 吴柏林：《广告策划实务与案例》，机械工业出版社 2010 年版，第 62 页。

出以下几个特点：（1）在线旅游网站在聊天软件和社交网站上做广告，比如，艺龙网在腾讯 QQ 的腾讯天气上做的"订酒店，选艺龙"的广告，借助 QQ 庞大的用户群，实现品牌传播；（2）在主流门户网站做的弹出式、悬浮式、插页式等多形式的广告；（3）借助微博等新型社交工具进行广告宣传；（4）通过对目标顾客寄送电子邮件，进行个性化的营销；（5）在传统媒体上做广告，比如电视、杂志等；（6）小区、公司的电梯电子屏广告是近年来流行的广告形式，这种形式的传播更具有针对性，效果较好。同时，在网络经济时代，对于电子商务类企业，口碑营销也是企业品牌传播的重要途径，在线旅游网站通过与社交网站进行联动营销，借助社交网站庞大的用户群，实现企业品牌的人际传播。

表 6 - 1　　　　　　　　　主要在线旅游企业品牌差异化案例汇总

在线旅游网站	品牌定位	主要差异化功能
去哪儿网 （www. qunar. com）	"聪明你的旅行"	搜索携程、艺龙等上百家旅游预订网站机票报价和航空公司直销机票价格，为顾客找到最实惠的特价机票信息，提供 45 天机票价格趋势图和特价机票邮件预约
途牛旅游网 （www. tuniu. com）	"一站式"自助游旅游服务提供商	提供最专业的旅游线路和自助游的"一站式"旅游预订服务
一起游 （www. 17u. com）	"一站式"驴友集散中心	致力于打造中国最大的"一站式"驴友集散中心与旅游交流互动中心
到到网 （www. daodao. com）	旅游点评专家	提供酒店点评和旅游景点点评，全力打造中国最大的旅游社区网站和致力于成为全球最大的中文旅游垂直媒体网站
米胖网 （www. mipang. com）	旅行社直销集合网	通过集合线下旅行社，为旅游者搭建旅行社产品的直销平台，最大限度地减少中间成本，提供高性价比的旅游产品
穷游网 （www. qyer. com）	改变亿万中国人的旅行观念，提高亿万中国人的旅行质量	专注于出国自助游，为旅游者提供多目的跨国中文旅游咨询和在线增值服务，最优化旅游者的出国旅游行程及其费用
绿野户外网 （www. lvye. com）	户外旅行家	致力于打造中国最大的户外旅行信息交流平台
中国古镇游 （www. sozhen. com）	中国最权威的古镇网站	为旅游者提供中国最权威的古镇旅游信息，并提供古镇旅游产品的网上预订服务

资料来源：根据网站公开资料的总结。

（二）企业形象差异化

企业形象是顾客在与企业的接触中所形成的对企业的总体印象。企业形象分为内在形象和外在形象，企业内在形象主要是指企业目标、企业价值观、企业精神等不易被直接观察的部分，但它是企业形象的核心部分；企业的外在形象是企业内在形象的外化表现，通过企业名称、标识、商标、广告语等外化形式向顾客传递企业内在价值。

企业形象的差异化就是企业形象构成要素与众不同，其内容包括两个方面。第一，企业内在形象的差异化。企业内在形象差异化主要表现在企业核心价值观的不同，它反映了企业的信念和追求，是企业的管理思想、管理方法、领导者风格等方面的综合体现；它同时回答了谁是企业的顾客、如何服务于我们的顾客等战略行动问题，因此，它是企业形象差异化形成的核心。第二，企业外在形象的差异化。主要表现在企业的名称、标识、标准字、商标等外延要素与众不同、设计独特、富有新意；能够准确表达企业的文化内涵和核心价值；同时易于传播和被大众认知。

携程网创立于1999年，经过十几年发展，目前成为我国最大的在线旅游服务商。作为中国领先的综合性旅行服务公司，携程网成功整合了高科技产业与传统旅游业，向超过6000万会员提供集酒店预订、机票预订、旅游度假、商旅管理、美食订餐及旅游资讯在内的全方位旅行服务，被誉为互联网和传统旅游无缝结合的典范。[1] 携程秉承"以顾客为中心"的原则（Customer）、以团队间紧密无缝的合作机制（Teamwork）、以一丝不苟的敬业精神（Respect）、真实诚信的合作理念（Integrity）、建立多赢的伙伴式合作体系（Partner）的企业理念，致力于为顾客创造最大价值。同时，携程注重承担社会责任，在业界树立了良好的企业形象，比如携程向阿拉善捐赠了碳补偿"携程林"、捐赠丽江"携程林"助力丽江恢复旅游生态平衡、建设广西都安县携程希望小学等义举，并多次获得"中国优秀企业公民"奖。在企业的外在形象方面，携程改进了原有标识。新标识使用蓝橙相间的海豚图案，海豚象征着友好、亲近以及人与自然的和谐；蓝色象征高科技、可信赖的专业服务；橙色则寓意携程对顾客始终如

---

① 携程网：《携程公司概况》，http：//pages. ctrip. com/public/ctripab/abctrip. htm，2013年9月2日。

一的热情服务；新标志海豚尾部的造型就像一个大写的英文字母"C"，它代表了携程（Ctrip）和携程以顾客（Customer）为中心的理念；新标志沿用的蓝色体现了携程对移动互联网的关注，向顾客传递了携程在移动互联网方面的优势和持续创新的精神。

企业标识是企业核心价值的外在表现，它同时体现了企业的战略思想。因此，携程的标识变更也不仅仅是简单的设计上的更新，它隐含着携程更深层次的企业战略的调整。具体来讲，携程网的标识变更暗含了两个方面的战略调整：一是在销售渠道上，针对目前我国移动网络用户的激增，携程更加关注移动市场的开发；二是海豚图案的设计向消费者展示了一个友好、亲近、欢乐和幸福的携程形象，使得携程的企业形象定位更加鲜明。

（三）顾客关系管理差异化

顾客关系管理（Customer Relationship Management，CRM）最早是1999年由美国的 Gartner Group Inc. 公司提出的，顾客关系管理是企业利用信息技术和互联网技术实现对顾客的价值管理，是在以顾客为核心的企业理念的指导下，通过为顾客提供多种沟通渠道，追求顾客满意和顾客忠诚的管理和营销过程。顾客关系管理的核心是顾客价值管理，通过一对一营销原则，满足不同价值顾客的个性化需求，提高顾客忠诚度和保有率，实现顾客价值持续贡献，从而全面提升企业竞争力。

较之其他类型的企业，在线旅游企业在顾客关系管理方面具有得天独厚的行业优势。首先，顾客关系管理依赖信息技术和互联网技术，它通过CRM 软件的应用实现对顾客信息、顾客资源以及顾客满意度和忠诚度的管理，而在线旅游企业恰恰属于信息技术依赖型的电子商务类企业，在技术方面具有实施顾客关系管理的优势。其次，在线旅游企业通过由顾客在线预订的模式实现产品销售，属于旅游电子商务企业，而电子商务企业的特点之一就是实行会员制，企业通过发展会员、管理会员、维系与会员之间的关系来获得持续发展，因此，在管理思想以及管理实践上具有实施顾客关系管理的先天优势。鉴于顾客关系管理的重要性，本书认为，在线旅游企业可以从以下两个方面来进行顾客关系管理的差异化，以此获得更大的竞争优势。

1. 会员管理差异化

会员管理是电子商务企业最主要的管理特点之一。在竞争日益激烈的市场环境下，谁能掌握顾客资源、维系良好的顾客关系，谁就能在竞争中脱颖而出，这需要实施差异化的会员管理。

（1）实行会员分类管理。会员分类是企业进行后续营销工作的基础，分类方法有多种，比如根据消费积分、消费额度、预订方式等划分会员等级。七天连锁酒店官网（www.7daysinn.cn）实行完全会员制，只有会员才能在线预订酒店，并根据会员的消费记录和选择的预订方式（通过电脑预订还是手机预订），将会员分为银卡会员、黄金卡会员和白金会员，并且成立了专门的会员社区"7天会"，目前"7天会"拥有超过600万会员，七天连锁酒店凭借庞大的会员体系，成为我国经济型酒店的领军品牌。同时，还可以根据会员的消费状态进行分类管理并开展有针对性的营销工作，比如针对刚刚注册的会员，要尽快使其消除顾虑，缩短购买决策周期；针对购后满意的会员，使其能够积极地推荐他人购买；针对购后不满意的会员，应采取服务补救措施，使其重新建立品牌好感；针对处于休眠状态的会员，进行会员唤醒，重回网站购物。

（2）创新会员价值体验。企业实行会员管理必须能够为会员创造切身的利益，这样，才能实现会员的长期黏合。对于在线旅游企业来说，要结合会员的消费特点创新会员价值体验。芒果网（www.mangocity.com）是港中旅集团投资成立的综合在线旅游服务公司，经过几年的发展，取得了骄人的业绩，这与芒果网健全的会员管理制度和独特的会员奖励措施密不可分。芒果网根据会员消费记录计算会员积分，然后会员可以利用所得积分在芒果网的积分商城兑换商品，兑换的商品包括生活用品、家用电器、电影票、时尚服饰等多个品类，这种"积分当钱花"的奖励措施，让会员觉得更方便、更实在；会员也可以将积分用以兑换芒果网的旅游产品和服务，或者兑换芒果网联盟商的产品或积分。除此之外，芒果网还通过与手机供应商的合作，为会员提供"芒果网会员买手机，享受优惠折扣"活动。芒果网通过从多角度为会员创造利益，提高了会员的忠诚度。

（3）建立虚拟会员社区，使会员管理融入情感要素。会员管理的最高境界是让会员对企业产生情感依赖。通过建立虚拟会员社区，为会员与企业、会员与会员之间创造相互沟通、分享信息和体验的平台，并通过在社区内举办互动性和参与性较强的活动来增强会员之间的联系以及情感沟通，从而达到增强会员黏性并形成共同的文化维系力。

2. 顾客关系管理技术应用差异化

首先，以信息技术和互联网技术为依托开发的顾客关系管理软件具有庞大的信息收集、分析和处理能力，但不同企业特点选择的具体软件内容有差异。作为在线旅游企业来说，顾客关系管理的重点内容应包括顾客基本信息收集、数据分析和数据挖掘、顾客消费状态分析、会员管理、顾客互动管理等方面。当然，顾客关系管理技术的开发与应用应以企业战略为指导。

其次，随着3G移动网络的全面发展，顾客关系管理已经进入了移动时代。移动CRM系统就是一个集3G移动技术、智能移动终端、身份认证、地理信息系统（GIS）、Webservice、商业智能等技术于一体的移动顾客关系管理软件，它将原有CRM系统上的顾客资源管理、销售管理、顾客服务管理、会员管理等功能迁移到手机上。它既可以如CRM软件一样，在公司的局域网里进行操作；也可以在员工外出时，通过手机进行操作，这样可以实现即便经常出差在外，公司也可以随时随地管理顾客关系，使顾客关系管理更加方便、快捷。

（四）顾客参与创新

随着信息技术的进步、竞争的加剧和顾客角色的转变，越来越多的顾客开始参与到企业创新中来，与企业共同创造独特的产品和服务（Douglas，1997，转引自王永贵，2011）。作为共同的生产者、产品的共同开发者和价值的共同创造者，顾客对企业会产生前所未有的关注，并在此过程中融入更多的情感、获得独特的价值体验，同时，有学者的研究发现，顾客参与创新有助于实现较高的企业绩效（Li and Calantone，1998）。鉴于此，顾客创新已经成为学术界和企业界共同关注的战略问题。

吸引顾客参与创新需要解决两个关键的问题。一是明确顾客参与创新的动力机制。王永贵（2011）通过对QQ空间的顾客创新绩效及其影响因素的研究，发现对于向QQ空间这样的虚拟展示平台，顾客参与创新的主要动机在于对乐趣、成就感、声誉和赞赏等个人内在目标的追求[①]，甚至有学者的研究发现，顾客参与创新的主要动机在于参与其中所获得的乐趣、挑战和成就感，而经济报酬反而会降低他们参与的积极性（Jeppesen

---

① 王永贵：《顾客创新论——全球竞争环境下的"价值共创"之道》，中国经济出版社2011年版，第113—168页。

and Frederiksen，2006）。在线旅游用户多属于旅游爱好者，旅游爱好者的一大特点就是他们非常愿意与人分享旅途中的点点滴滴，这能够为他们带来分享的乐趣和成就感。鉴于此，为了吸引更多顾客参与在线旅游企业产品或服务的创新中来，需要企业建立合理的顾客创新激励机制，比如成果共享、名誉、成果冠名等。二是搭建顾客参与创新的平台。针对在线旅游企业的互联网型企业的特性，虚拟社区是顾客参与创新活动非常不错的平台，因为它将兴趣相同的一群人集合在一起，这些人乐于分享，并在相互交流中不断迸发出新的想法。蚂蜂窝（www. mafengwo. cn）是专门以提供旅游攻略为主的一个旅游网站，蚂蜂窝通过由旅游爱好者生成内容的模式（UGC 模式），为旅游爱好者提供一个分享旅行照片、旅行日志、旅行贴士、旅行趣事的平台，并将这些内容编写成旅游攻略，供游客下载编排自己的旅游行程。由此可见，蚂蜂窝的成功是顾客参与创新的结果。蚂蜂窝为顾客搭建了分享成果的社区平台，并通过建立不同主题的社区，吸引更多的顾客参与分享，分享的内容也更便于网站进行再产品化。

第二节　在线旅游企业差异化的成本控制策略

企业差异化的优势归根结底是来自差异化的收益以及企业对差异化成本的控制，任何不计成本的差异化不会实现持续竞争优势。因此，在线旅游企业实施差异化战略也必须考虑对差异化成本的控制。本书将从四个方面探讨在线旅游企业如何控制差异化的成本。

一　利用信息技术，化解管理成本

信息技术体系结构是一个为达到战略目标而采用和发展的综合结构，信息技术的合理利用将使企业具备更好的战略执行力，并促成企业取得战略目标。在线旅游企业本身属于信息技术依赖型行业，信息技术具有的数字化、网络化、多媒体化、智能化、虚拟化等特点能够在在线旅游企业中更好地发挥出来。但是，对于企业来说，信息技术体系除了技术的方面以外，还包括管理的内容，不同的在线旅游企业在管理方法、管理内容上势必具有差异，利用信息技术降低管理成本是在线旅游企业需要重点考虑的问题。

在线旅游企业主要的管理成本之一发生在对上游资源的开发环节①，成本主要包括拜访顾客发生的差旅费、合作关系维护费等。企业通过利用顾客关系管理软件并结合网络沟通软件，可以将人员出差、谈判的物理空间转移到虚拟空间，大大节约上述成本的支出。同时，对于在线服务提供商而言，服务提供费用也是一项重要的成本支出。在线旅游企业通过引入诸如 TQ 等即时沟通软件，能够及时发现顾客的需求，并以最快的速度解决顾客的问题，这样可以大大减少由于缺乏必要沟通导致的顾客咨询、投诉等现象，从而减少中间的沟通成本。同时，通过信息技术加强对库存资源的分析，并根据分析情况及时整合资源，然后选择利用恰当的模式进行出售，在增加销售量的同时也可以降低损失。另外，利用信息技术和互联网技术建立连接企业与顾客的社区化平台，可以更好地鼓励顾客参与到企业产品开发、服务流程设计等企业创新活动中来，从而转移企业自身的创新成本。

二　创新商业模式，缩减企业成本

（一）运用直销模式，缩减中间成本

商业模式考量的是企业赚钱方式。商业模式设计越精简，中间环节越少，相应的中间成本就越少。目前，我国在线旅游服务提供商主要有产业链上游企业、在线代理商、平台运营商、网络媒介和营销平台四种模式。四种模式多属于旅游产品的在线分销商，即将采购的上游旅游产品卖给下游的顾客，企业赚取其中的差价。但是当分销市场越来越集中在如携程、艺龙等少数寡头企业中时，上游的企业和下游的顾客则越来越缺乏话语权；而对于其他企业，想要获得竞争优势，唯有进行价格竞争，而价格战的结果将是两败俱伤，全面受损。旅游产品在线分销只是在线旅游企业的其中一种商业模式，虽然在我国在线分销是旅游产品主要的在线销售渠道，但是在国外，旅游企业更多地选择在线直销的模式进行在线销售，以酒店为例，在线直销的比例甚至达到70%。② 较之分销模式，直销模式具有自身的优势：一是成本更低，由于不需要向中介代理商缴纳佣金，对于旅游产品提供商来说，直销模式比分销模式具有成本优势；二是价格更

---

① 环球旅讯：《在线旅游企业的成本分析》，http：//www. traveldaily. cn/article/18761. html，2008 年 1 月 29 日。

② 叶燕朋：《分销"独霸"不了天下，直销是趋势》，http：//info. meadin. com/Fengyun-Man/81105_ 1. shtml，2012 年 11 月 2 日。

低，因为存在成本优势，因此企业有能力将更有竞争力的价格提供给顾客；三是信息更精确，由于旅游企业是直接面向顾客，而不需经过第三方，因此，企业提供的产品信息及产品变更信息将更加精确；四是服务质量更好，由于企业面对的是自己的顾客，因此从顾客预订到现实消费的一整套环节企业都会保持始终如一的优质服务，以此培育企业的忠诚顾客。

鉴于以上分析，在我国旅游产品在线分销市场的竞争已经非常激烈的背景下，企业可以考虑利用在线直销的模式开拓在线旅游市场的"蓝海"。具体来说，有两种途径。

第一，建设官网，并突出其销售功能。在国外，旅游企业借用其官网进行产品直销的模式已经非常普及，但在我国才刚刚起步。以酒店为例，在欧美等国家，大部分酒店都建设了官网，并且依赖官网为顾客提供在线预订服务，一般顾客在选择酒店产品时，也会优先选择酒店官网进行预订，其次才是分销商，酒店在线直销的市场已经比较成熟。而在我国，由于大部分酒店属于单体酒店，实力薄弱，无力建设官网，或者建设的官网得不到更新和维护，不能实现产品销售，没有实际意义。在我国消费者越来越青睐网络预订旅游产品的消费环境下，旅游企业必须重视官网的建设，并强化官网的预订功能。比如，预订模块的位置要突出，便于点击；预订流程要顺畅，便于操作；语言设计要讲求技巧，便于浏览；预订中涉及的诸如支付方式、注意事项等条目要清楚地明示，便于选择；利用安全、便捷的网上支付方式，便于支付；借用虚拟平台开发与顾客之间的网络互动版块，便于了解顾客的满意度和进行优质的顾客关系管理[①]。总之，通过建设官网，并强化官网的预订功能，使顾客能够方便地进行在线预订，并提供有竞争力的价格，这样企业在缩减中间成本的同时，也可以实现销售增长。

第二，构建直销平台。针对有些旅游企业自身实力薄弱，没有能力建设官网，因此，在线旅游企业可以通过构建直销平台方式实现产品直销，即由在线旅游企业为旅游产品提供者和顾客搭建交易平台，旅游企业在平台上自主售卖。对于旅游产品的提供者来说，该模式更能够减少成本；对

---

① 李东娟、熊胜绪：《我国酒店在线预订价格竞争的实证研究》，《旅游学刊》2011 年第 12 期。

于消费者来说，可以获得更优惠的价格、精准的信息和更好的服务；对于在线旅游企业来说，则可以借助交易量的增加，获得竞争优势。乐宿客（www.lesuke.com）是隶属于上市公司石基信息旗下北海石基信息技术有限公司，创建了国内第一个真正的酒店直销客房平台，为酒店企业和消费者搭建了一个专业的酒店直销、信息分享、合作共赢的交易平台。乐宿客具有明确的市场定位，即定位于为中、重度旅游者提供主题鲜明的特色酒店。同时，乐宿客是真正的直销酒店在线平台，它通过与酒店内部订房系统直接对接，顾客提交订单即可快速确认，省却了许多中间环节，既节约了成本，又提高了效率，实现了顾客、酒店、在线旅游企业三方共赢。

（二）创新商业模式，缩减库存成本

旅游产品的特点之一就是产品的不可储存性（李开元，2003）。以酒店产品为例，如果一间客房在某天没有销售出去，那么这间客房在这一天的价值将永远无法实现。鉴于旅游产品不可储存性的特点，这就要求企业应该千方百计整合剩余资源，借用信息技术创造新的商业模式，减少产品库存，以实现企业和顾客价值最大化。（1）逆向竞价模式：也称作C2B拍卖模式，即由顾客出价，旅游产品提供者根据顾客的出价，结合自身的销售情况，决定是否应拍，逆向竞价模式其实是为剩余产品提供了再销售的机会。（2）特价模式：由在线旅游企业搭建剩余旅游资源与顾客之间的平台，整合特定时间段没有销售出去的旅游产品，通过预订平台实现销售。比如"今夜特价酒店"，是一款基于移动互联网的手机酒店预订软件。软件特点是：顾客每晚六点以后预订当天酒店的剩余房源，顾客可以根据距离远近、星级、价格、酒店风格等个人喜好，方便地查找和预订这些特价房间，以非常低廉的价格享受高端服务。"今夜特价酒店"使企业盘活了库存，顾客得到了高性价比的房间，最终实现双方共赢。在国外，诸如此类的新型模式还有模糊定价、尾房、最后一分钟等，虽然模式名称有所不同，但其本质大同小异，即通过信息技术搭建剩余资源与顾客之间沟通的桥梁，以实现"在适合的时间，将适合的产品，以适合的价格，通过适合的渠道，销售给适合的顾客"，最终实现顾客价值和企业价值最大化。

三 构建战略联盟，降低竞争成本

由于缺乏差异化，我国在线旅游企业的产品同质化问题严重，尤其是在线旅游代理商（OTA）之间，由此导致企业之间发生激烈的"价格战"。价格战的主要表现是企业纷纷花费巨额资金用于低价促销，比如2012年6月，芒果网宣布出资8000万元投入"酒店预订补贴计划"；2012年7月，携程宣布投入5亿美元进行为期一年的低价促销，并且向市场宣告"比一比，携程总是返更多"等。截至2013年年底，以携程、艺龙等大型在线旅游企业为首的价格战依然在持续，艺龙CEO甚至放言将与携程恶战到底。这种以价格拉动市场的竞争行为大大增加了企业的成本，而其最终的结局则是"杀敌800，自损1000"，企业利润和品牌声誉全面受损。①

　　要使行业进入有序竞争的状态，通过打"价格战"并不能达到目的，而是需要转换思维，在竞争中寻找合作机会，通过构建战略联盟实现企业之间共同发展。一般认为，作为资源互补性的企业进行战略联盟比较常见，比如微软和英特尔公司的联盟；而另外一种观点认为，战略联盟是由本是竞争对手、从事同一种或类似活动的公司组成的合作关系，这种战略联盟属于竞争性联盟（Sierra，1995）。竞争性联盟可以通过联盟营销、联盟分销、产品开发联盟等多个方面予以实现。因此，作为本是竞争对手的企业，应该千方百计地寻找彼此可以合作的机会、创造双方合作的条件，从而降低竞争成本，并获得利润增长。携程与去哪儿网曾经一度因为激烈的竞争爆发"口水战"，甚至对簿公堂，而事实证明，双方的直接对抗给两家企业均带来了巨大的损失。于是，2013年8月，携程与去哪儿网摒弃前嫌，建立了合作伙伴关系：携程将旅游度假产品放在去哪儿网垂直搜索引擎上，以增加顾客量，未来还会考虑在酒店和机票预订业务上的合作；去哪儿网则承诺不介入携程的预订业务。可见，由于存在共同的利益，双方只有联合才能创造更大的价值；相反，你死我活的恶性竞争只会使双方陷入绝境。

四　应用新型营销手段，降低营销成本

　　随着社会化网络媒体的发展，社会化电商营销成为越来越多企业关注的焦点，尤其是电子商务企业。因为具备先天的技术优势，越来越多的电子商务企业开始使用微信、微博等社会化网络媒体开展营销工作，并取得

---

① 迈点网：《OTA价格战一年祭——谁是赢家？》，http://www.meadin.com/special/head-line/headline85/，2013年8月7日。

了非常好的效果。最关键的是，这些基于信息技术和互联网技术的新型营销手段能够以比传统营销手段低得多的成本支出获得信息病毒式传播，从而大幅度降低企业营销成本。

（一）微博营销

微博，即微博客（MicroBlog）的简称，是一个基于用户关系信息分享、传播以及获取平台，用户可以通过 WEB、WAP 等各种客户端组建个人社区，以 140 字左右的文字更新信息，并实现即时分享。[①] 截至 2013 年上半年，新浪微博注册用户达到 5.36 亿，腾讯微博注册用户达到 5.07 亿，微博成为中国网民上网的主要活动之一。[②] 微博营销是指通过微博平台为企业或个人等创造价值而执行的一种营销方式。该营销方式注重价值的传递、内容的互动、系统的布局和准确的定位，微博的火热发展也使得其营销效果尤为显著。微博营销具有以下几个方面的特点：

（1）立体化：微博可以借助文字、图片、视频等多种多媒体技术手段，进行产品描述，从而使潜在顾客更形象直接地接受信息。

（2）快速传播：微博最显著特征就是传播迅速，一条热度高的微博在各种互联网平台上发出后短时间内转发就可以抵达微博世界的每一个角落。

（3）低成本：微博营销优于传统推广，因为是借助互联网进行信息传播，其成本支出比选择报纸、电视等大众媒体要少得多，可以节约大量的时间以及资金成本。

（4）传播广泛性：通过粉丝形式进行病毒式传播，同时利用名人效应能使事件传播呈几何级放大。

鉴于微博在信息传递和企业营销上的重要性，我国主流在线旅游企业都开通了微博平台，但营销效果并没有充分发挥出来。本书认为，在线旅游企业开展微博营销，应注意以下几个方面的问题：

（1）微博营销重在传递价值。微博用户数以亿计，微博信息浩如烟海，只有那些对浏览者有价值的内容才会吸引他们的关注，而价值则体现

---

① 百度百科：《微博》，http://baike.baidu.com/link? url＝A3_ gCLD_ WvGuoo－ej6ZbxWA ZGjXW16jF_ 07nX_ 2nM6ycRLP1L6vXToavbEBliQpH43－SM9O7Y4cRJi_ XuEF6o_ ，2013 年 9 月 8 日。

② 新浪：《微博用户超 5 亿 国内服务器逼近饱和》，http://news.sina.com.cn/c/2013－06－17/071927416876.shtml，2013 年 8 月 20 日。

在产品、服务信息满足顾客需求的程度，抑或是企业传递的价值信息能够引起顾客的情感共鸣。

（2）微博内容要注重个性化。微博的特点是"关系"与"互动"，单纯地以官方发布消息式的微博内容及形式不会吸引顾客的关注。微博的内容要有感情，有互动的空间，更需要有自己的特点与个性。这样的微博才能提高顾客黏性，并积累粉丝与关注度。

（3）微博设计要注重互动性。微博的核心在于互动，只有形成企业与微博粉丝互动局面，微博内容才能够被广泛传播。这里需要注意的问题是，企业的推广信息应巧妙地隐藏在微博信息之中，赤裸裸地宣传信息不会产生良好的互动。"活动内容＋奖品＋关注"的活动形式是微博互动的主要方式，但需要注意物质利益应与情感对话并存，比如认真回复顾客留言或评价等，让顾客在获得物质奖励的同时，能够从内心对企业产生价值认同。

（4）微博传递对象应有准确的定位。在线旅游企业应利用企业对顾客信息的掌握采取微博的精准营销。比如，对于定位于自助游服务提供商的在线旅游企业来说，就需要选择自助游爱好者进行微博信息传递，而无须遍地撒网，盲目追求关注量。同时，精准营销还在于企业可以根据顾客不同的消费阶段进行分类营销，比如，在顾客认知阶段，可以主动发现潜在顾客的需求，帮助顾客了解品牌和产品的功能；在顾客购买阶段，可以有针对性地回答顾客咨询，促进购买决策的达成；在顾客使用阶段，通过贴心的互动让顾客有更好的体验；最后在顾客使用后，要倾听顾客对产品的评价及使用体验。

（5）微博操作要注重方法与技巧。首先，微博的话题设定要讲求表达方法，比如，可以通过发布提问性或带有悬念的微博内容，以此来引导顾客思考与参与。其次，在微博推广方面，注重培养意见领袖，利用意见领袖或名人转发的方式，扩大知名度。

（二）微信营销

微信是腾讯公司推出的，提供免费即时通信服务的免费聊天软件。用户可以通过手机、平板、网页快速发送语音、视频、图片和文字；通过摇一摇、搜索号码、附近的人、扫二维码等方式添加好友和关注公众平台；同时微信用户可以将内容分享给好友以及将用户看到的精彩内容分享到微信朋友圈。微信功能强大，一经推出便广受推崇，截至2014年第二季度，微信用户已达 4.38 亿，成为亚洲地区拥有最大用户群体的移动即时通讯软件。① 微信营销是网络经济时代企业利用微信软件对营销模式的创新。微信不存在距离的限制，用户注册微信后，可与周围同样注册的"朋友"形成一种联系，企业也可以成为用户的"朋友"，企业通过微信向用户提供其所需信息，以推广自己的产品，实现点对点的精准营销。微信营销具有以下几个方面的特点：

（1）点对点精准营销：微信拥有庞大用户群，借助移动终端、社交和位置定位等优势，每条信息都可以推送，并且实现精准推送，因此可以帮助企业实现点对点精准化营销。

（2）具有形式多样的营销渠道：微信具有"漂流瓶"功能，用户可以借此发布语音或者文字信息，然后投入"大海"中，如果有其他用户"捞"到则可以展开对话，招商银行的"爱心漂流瓶"用户互动活动就是个典型的"漂流瓶"营销案例；位置签名功能允许企业利用"用户签名档"进行免费的广告宣传，所有用"附近的人"功能的用户都会看到企业的签名档信息；微信具有二维码扫描功能，用户可以通过扫描识别二维码身份来添加朋友、关注企业账号；企业则可以设定自己品牌的二维码，用折扣和优惠来吸引用户关注，开拓 O2O（Online to Offline，离线营销模式）的营销模式；通过微信开放平台，应用开发者可以接入第三方应用，还可以将应用的 Logo 放入微信附件栏，使用户可以方便地在会话中调用第三方应用进行内容选择与分享。

（3）能够与顾客建立"强关系"：微信用户之间的信息传递是私密的，这种私密式的沟通方式能够使交流双方通过互动的形式将普通关系发展成朋友关系，使顾客和企业原本单纯的交易关系，发展为对品牌的信赖和忠诚。

在线旅游企业开展微信营销应注意以下几个方面：

第一，注意培养与顾客的"强关系"模式。和微博的"弱关系"模式不同，微信用户之间可以发展为朋友关系，企业与顾客之间利用微信进行沟通，也可以建立相互信赖的"朋友关系"。这里需要注意的是，企业的推送信息必须是顾客真正需要的，企业应很好地利用顾客的已有消费经

---

① 腾讯科技：《腾讯微信用户量突破 3 亿耗时不到两年》，http：//tech. qq. com/a/20130115/000179. htm，2013 年 1 月 15 日。

历，分析顾客偏好和潜在需求，然后据此进行信息推送。只有真正解决了顾客的需求问题，为顾客创造了价值，顾客才会持续关注企业的营销信息，并对企业产生信赖、依赖的情感。

第二，注意信息推送技巧与模式。首先，对于企业的促销信息，可以采用二维码的形式进行发送，比如像"手机订酒店，返现金"的促销信息，顾客通过用手机扫描其二维码即可达到预订界面，简单、方便、易于操作。其次，由于旅游产品用画面、视频的呈现方式对顾客更具吸引力，因此，为增强推送信息的传播效果，应多采用视频、图片的方式进行信息发送。再次，企业要利用好"签名档"，重点发布企业的产品特色及定位信息；同时，借助"漂流瓶"，策划宣传活动，进行品牌推广。

第三节　研究结论和研究展望

一　研究结论

本书致力于探讨在线旅游企业如何实施基于顾客价值导向的差异化战略。以差异化战略理论、顾客价值理论以及在线旅游企业竞争战略理论为理论基础，探讨差异化对顾客价值的影响机理，构建了在线旅游企业"差异化战略—顾客价值—企业经营绩效"的理论模型。通过综合运用理论研究和实证研究相结合的研究方法以及 SPSS、AMOS 等统计分析工具，运用结构方程建模方法，对理论模型的假设进行了验证，实证分析了在线旅游企业顾客价值导向的差异化与企业经营绩效之间的路径关系。最后，根据实证研究结果，提出在线旅游企业实施顾客价值导向的差异化战略的具体策略。

基于全书的论证分析，本书最终形成了五个主要研究结论：

（一）差异化的优势源于差异化对顾客价值的创造和企业对差异化成本的控制

差异化优势源于差异化的收益大于差异化成本，而差异化的收益则产生于差异化创造的顾客价值，进而由顾客创造企业绩效。具体来讲，有以下三个方面：一是由于差异化是为顾客提供具有独特价值的产品或服务，因此，差异化更容易使顾客满意，而顾客满意可以产生溢价支付意愿和较低的退货率；二是多次顾客满意将产生顾客忠诚，忠诚顾客的主要表现是：重复购买意愿、推荐他人购买和对品牌的偏好；三是差异化要求与顾客具有良好的沟通，这有助于促进顾客忠诚度的维系及企业的持续改进。

差异化的优势还体现在企业对差异化成本的控制。虽然，差异化可能会导致成本的增加，而在现代社会，随着信息技术的应用，差异化也并非意味着成本的必然增加，通过一些新型技术，企业完全可以在差异化的同时实现低成本。差异化成本的控制体现在以下几个方面：一是信息技术的广泛运用，可以提高效率，降低成本；二是基于信息技术的商业模式创新可以缩减中间成本和库存成本等；三是基于信息技术和互联网技术的新型营销模式可以大幅度扩大市场，从而实现规模经济，降低单位营销成本；四是互联网企业能够更好地实现企业联盟，从而降低竞争成本。

（二）差异化从产品价值、成本价值、服务价值和情感价值四个方面对顾客价值施加影响

通过对顾客价值理论的深入研究，开发了多种测量维度，但是，基于研究视角的不同，其维度划分也见仁见智。至于差异化对顾客价值的链条到底会产生怎样的影响，还需要结合实际研究情况来加以分析。本书在结合已有成果的基础上，提出了差异化对顾客价值链影响的四个维度：产品价值、成本价值、服务价值和情感价值。差异化对顾客价值的影响，首先体现在产品的功能、质量等产品要素对顾客产生的独特价值体验；其次是对顾客价值的影响还表现在顾客能够以比较合适的价格购买到超值的产品或服务，顾客感知成本支出与利益获得之间的比例降低，即为成本价值；再次是差异化注重为顾客提供全方位的服务，以服务增强价值体验，因此差异化会影响顾客感知服务价值；最后是差异化对品牌、企业形象等方面具有提升作用，同时差异化更加注重培养与顾客的情感联系，因此，差异化会增加顾客感知的情感价值。

（三）差异化对顾客价值具有正向影响作用

首先，本书用产品价值、成本价值、服务价值和情感价值四个维度来度量顾客价值。基于顾客价值具有行业依赖性特点，本书结合已有研究成果和深度访谈法开发了包含 17 个题项的在线旅游企业顾客价值测量量表。经过对调研数据分析，表明量表具有较好的信度和效度。其中，产品价值、成本价值、服务价值和情感价值的内部一致性系数 Cronbach's α 值

分别为 0.805、0.908、0.803、0.848，大于 0.7 的判别标准；通过对顾客价值测量量表进行因子分析，共提取 4 个因子，与研究设想一致。各因子特征值均大于 1，累计方差贡献率为 64.981%，抽取的因子负荷均在 0.5 以上，表明量表具有较好的结构效度。综上所述，本书开发的顾客价值量表符合研究要求。同时，本书结合已有成果和深度访谈法，开发了包含 10 个题项的在线旅游企业差异化战略测量量表。数据分析结果显示，其内部一致性系数 Cronbach's α 值为 0.931；因子分析结果显示，只有一个公因子被提取出来，其特征值为 6.193，累计解释了 61.928% 的变异。因此，差异化战略量表通过了信度和效度检验。

实证研究结果表明，差异化对顾客价值的四个维度均有正向影响作用，且都达到显著水平，但影响程度不同。影响程度从高到低依次是产品价值、服务价值、情感价值、成本价值。这意味着产品本身满足独特价值需求的能力是顾客最看重的；其次是与提供产品相对应的服务，良好的服务是帮助顾客对企业产品理解的有效方式，更是产品不足的有益补充，对增强顾客满意具有重要作用；再次是企业品牌、企业形象、顾客关系管理、鼓励顾客参与等方面的差异化，能够激发顾客对企业价值的认同，从而对企业产生独特的情感依赖和品牌忠诚；最后是差异化对顾客感知成本价值的影响充分说明，差异化并非意味着成本的必然增加，合理地控制差异化的成本，同样可以为顾客创造物超所值的价值体验，况且，对于在线旅游企业来说，为顾客提供低价高质的旅游产品具有技术上的可操作性。

(四) 顾客价值对企业经营绩效具有正向影响作用

实证研究结果表明，以产品价值、成本价值、服务价值和情感价值度量的顾客价值对用销售增长率、利润增长率和市场占有率三个指标度量的企业经营绩效具有正向影响作用，且达到显著水平。四个维度对企业经营绩效影响程度从高到低依次为产品价值（0.503）、情感价值（0.468）、服务价值（0.415）、成本价值（0.206）。研究结果说明，能够满足顾客需求的产品功能、质量等方面是促进顾客产生购买行为的主要因素；而当顾客对于企业的理念与形象产生价值认同时，顾客对于企业及其提供的产品具有较强的品牌依赖感，最终将获得的情感价值转化为企业价值；服务具有较强的价值增长作用，会增强顾客满意、产生顾客忠诚，然后由获得价值增值的顾客为企业创造经营绩效；当顾客感觉购买到的产品价格合理、具有较高性价比的时候，顾客就获得了成本价值，追求高性价比的购物经历是消费者的共性，这会促进顾客不断地为企业创造价值。

（五）顾客价值在差异化战略与企业经营绩效之间起中介作用

本书实证结果表明，产品价值、成本价值、服务价值及情感价值在差异化战略与企业经营绩效之间均起到部分中介作用。这说明，企业差异化必须以顾客价值为导向，不能体现顾客价值的差异化不会对企业创造价值。而顾客价值具有多维性，企业差异化战略创造企业经营绩效的能力来源于差异化创造顾客价值各维度的能力，即是说，企业的差异化能够满足多方面的顾客需求，企业才能获得顾客完全的绩效贡献。

二　研究不足和研究展望

（一）研究不足

本书采用了理论分析和实证研究相结合的方法开展研究。研究前期阅读了大量文献，为研究顺利进行奠定了丰富的理论基础；研究通过科学、严谨的分析，构建了顾客价值导向的在线旅游企业差异化对企业经营绩效影响的理论模型；并正确使用统计分析工具，实证检验了理论模型；最后，根据实证研究结果，提出了解决问题的思路和方法。尽管如此，由于时间、经费等多种因素的限制，本书依然存在一定的局限和不足，主要表现在以下几个方面：

1. 研究数据采集时间的不足

由于顾客价值具有动态性的特点，顾客价值在使用前、使用中和使用后可能会有区别，应该分别进行评估（Day and Crask，2000）。因此，如果只采集横截面的数据，可能就会缺乏对变量之间关系的全面认知，因此，本书在对顾客价值测量数据的采集方面存在一定的不足。

2. 研究样本不足

由于调研经费、时间等因素的限制，本书样本数据的收集主要选取了北京、上海、南京、杭州、武汉、广州和厦门7个区域，数据收集主要采用研究者实地走访、寄送电子邮件、依靠社会关系等方式发放问卷，样本的分布区域依然有限，因此，样本的代表性可能存在不足，从而影响研究结论的普适性。

3. 研究方法的不足

企业的规模、性质、地域等因素或许对因变量会产生影响，但本书并未对上述因素加以控制来展开讨论，由此产生的结论或许存在偏差，这一点在后续研究中需要进一步探讨。

4. 变量测量的不足

本书所采用的量表，是在借鉴已有研究成果的基础上，结合在线旅游企业的实际情况，运用深度访谈法，经过访谈小组反复讨论、修订和补充而成的。尽管量表的信度和效度通过了检验，但本书所选择的访谈小组成员是否合适、访谈过程中是否有较多的主观因素干扰等，这些问题都会对量表的质量产生影响，需要在今后的研究中进一步完善量表指标选取的过程。

（二）未来研究展望

上述研究的不足，为本书未来继续开展研究工作提供了方向。具体来说，本书未来需要在以下几个方面进一步探讨和完善：

1. 注重数据采集的时间序列性

鉴于顾客价值动态性的特点，在今后的研究中，对顾客价值测量数据的采集将采用跟踪顾客的方式来获取相关数据，以全面地探讨差异化、顾客价值、企业经营绩效之间的影响关系。

2. 扩大样本数据收集范围

在今后的研究中，需要扩大抽样的区域范围，以增强问卷来源的代表性；并且在数据收集上尽量使用客观来源的方法，避免由于社会关系导致的主观因素对问卷作答产生的干扰。

3. 控制变量研究

企业规模、企业性质、分布区域等因素可能会对因变量产生影响。在未来的研究中，需要将上述因素作为控制变量，并进行实证分析，以检验是否存在控制变量的影响作用，以及其影响程度如何。

4. 研究量表的后续开发

本书的量表是在已有研究成果基础上，结合在线旅游企业的实际情况，运用深度访谈法，经过反复讨论、修订和补充而成的。由于目前关于在线旅游企业的相关研究还很有限，因此，本书属于探索性研究，尽管量表的信度和效度均符合要求，但相关维度划分及测量指标还有待于进一步的完善和优化。同时，今后的研究还应突破特定行业的局限性，以使得研究结果更具有普适性。

本章小结

　　本章在第五章实证研究结果的基础上，从在线旅游企业实施差异化战略的路径以及差异化的成本控制两个方面提出在线旅游企业差异化战略的构建策略。具体来说，在线旅游企业差异化的战略路径包括三个方面：产品差异化、服务差异化和情感要素差异化；研究从四个方面探讨在线旅游企业差异化的成本控制：利用信息技术化解管理成本、创新商业模式缩减企业成本、构建战略联盟降低竞争成本、应用新型营销手段降低营销成本。同时，总结了本书的局限，并阐明了未来研究的方向。

附录：正式调查问卷

顾客价值导向的在线旅游企业差异化对企业经营绩效影响的调查问卷

尊敬的女士/先生：

您好！感谢您在百忙之中抽出时间填写这份问卷。此问卷是本书的重要组成部分，属于纯学术性的调查研究，不会用于任何商业目的。本问卷为匿名填写，不会泄露您的个人信息。您只需要根据自己的理解、公司实际情况以及自身的真实感受在适当的选项上画"√"，整个问卷填写完成只需要您花费大概 10 分钟的时间。问卷结果将直接决定问卷分析的质量和研究结果，所以恳请您认真作答。如果您对本书的内容或者结果感兴趣，请留下您的联系方式，我们将在研究结束后将结果反馈给您。再次感谢您的支持！

电子邮箱：

电话：

第一部分　个人信息

1. 您的性别：①男　②女

2. 您的年龄：①25 岁及以下　②26—30 岁　③31—35 岁　④36—40 岁　⑤41 岁以上

3. 您的最高学历：①大专及以下　②本科　③硕士　④博士

4. 您在贵公司的任职年限：①3 年及以下　②3—6 年　③6 年以上

5. 您在贵公司的职位：①中层管理者　②高层管理者

6. 贵公司总部所在地：_____

7. 贵公司属于：①民营企业　②外资或合资企业　③国有或国有控股

第二部分　调研内容

（一）请选择贵公司实施的差异化战略，在您认为最符合的数字上画"√"

变量编号	测量题项	非常不同意	不同意	一般	同意	非常同意
STRATD1	公司注重开拓新产品	1	2	3	4	5
STRATD2	公司提供独特性的在线旅游产品预订模式	1	2	3	4	5
STRATD3	公司重视用新型智能信息技术为顾客提供个性化服务	1	2	3	4	5
STRATD4	公司重视新型营销手段的应用	1	2	3	4	5
STRATD5	公司对于顾客需求和问题能够迅速反馈	1	2	3	4	5
STRATD6	公司具有明确的市场定位	1	2	3	4	5
STRATD7	公司重视企业的品牌塑造	1	2	3	4	5
STRATD8	公司具有一定特色的广告推广活动	1	2	3	4	5
STRATD9	公司具有完善的顾客档案管理体系	1	2	3	4	5
STRATD10	公司鼓励真实的顾客评价和意见反馈	1	2	3	4	5

（二）请选择贵公司创造的顾客价值，在您认为最符合的数字上画"√"

变量编号	测量题项	非常不同意	不同意	一般	同意	非常同意
PV1	该网站提供的在线旅游产品符合顾客需求	1	2	3	4	5
PV2	该网站提供的在线旅游产品质量可靠	1	2	3	4	5
PV3	该网站提供的相关信息充足、实用	1	2	3	4	5
PV4	该网站网页设计合理	1	2	3	4	5
CV1	顾客可以在该网站购买价格实惠的旅游产品	1	2	3	4	5
CV2	顾客可以在该网站买物超所值的旅游产品	1	2	3	4	5
CV3	通过网站预订旅游产品，可以节约大量时间和精力	1	2	3	4	5
SV1	网站建立了多渠道、方便快捷的服务沟通平台	1	2	3	4	5
SV2	网站会根据顾客的消费偏好向顾客推荐合适的旅游产品	1	2	3	4	5
SV3	网站对于我的个性化诉求会快速响应	1	2	3	4	5
SV4	网站对顾客的抱怨或不满会给予重视，并得到妥善处理	1	2	3	4	5
SV5	网站保证个人信息和支付安全	1	2	3	4	5
FV1	网站具有良好的品牌形象	1	2	3	4	5
FV2	该网站具有诚信、可信赖的社会形象	1	2	3	4	5
FV3	网站具有良好的会员积分制度，并给予会员一定的价格折扣或其他实惠	1	2	3	4	5
FV4	在网站购买旅游产品使我觉得很符合时代潮流	1	2	3	4	5
FV5	网站鼓励顾客的真实评价，并会积极采纳顾客合理建议	1	2	3	4	5

（三）请选择贵公司的经营绩效表现，在您认为最符合的数字上画"√"

变量编号	测量题项	非常不同意	不同意	一般	同意	非常同意
BP1	企业对销售增长率的满意度	1	2	3	4	5
BP2	企业对利润增长率的满意度	1	2	3	4	5
BP3	企业对市场占有率的满意度	1	2	3	4	5

问卷到此结束，祝贵公司取得辉煌业绩。

再次感谢您对本研究工作的大力支持！

参考文献

［1］埃弗雷姆·特班、戴维·金、丹尼斯·维兰：《电子商务管理视角》严建援译，机械工业出版社 2007 年版。

［2］艾瑞咨询网：《中国在线旅游年度行业监测报告（2011—2012）》，http：//www. Ires－Earch. com. cn，2012 年 7 月 9 日。

［3］白长虹：《西方的顾客价值研究及其实践启示》，《南开管理评论》2001 年第 2 期。

［4］班瓦利·米托、贾格迪胥·谢兹：《价值空间》，机械工业出版社2003 年版。

［5］岑成德、梁婷：《我国年轻旅游者的网络信息搜索行为研究——以广州高校学生为例》，《旅游科学》2007 年第 1 期。

［6］陈进成：《电子商务顾客价值、满意度与忠诚度之研究——以电子商店为例》，硕士学位论文，中原大学资讯管理研究所，2003 年。

［7］陈晓萍、徐淑英、樊景立：《组织与管理研究的实证方法》，北京大学出版社 2008 年版。

［8］大前研一：《差异化经营》，房雪菲译，中信出版社 2006 年版。

［9］董大海：《基于顾客价值构建竞争优势的理论与方法研究》，博士学位论文，大连理工大学，2003 年。

［10］杜伟：《顾客价值塑造与企业绩效相关性研究》，《科技进步与对策》2011 年第 10 期。

［11］菲利普·科特勒、加里·阿姆斯特朗：《营销学导论》，华夏出版社2002 年版。

［12］高丹：《B2C 电子商务顾客满意度的评价指标浅析》，《中国电子商务》2004 年第 6 期。

［13］关华、殷敏：《旅游网站信息资源用户满意度的实证研究——以携程旅行网为例》，《北京第二外国语学院学报》2007 年第 11 期。

［14］黄芳铭：《社会科学统计方法学——结构方程模式》，（台北）五南图书出版公司 2005 年版。

［15］纪峰、梁文玲：《我国饭店企业顾客价值实证研究》，《旅游学刊》2007 年第 9 期。

［16］李东：《在线旅行服务商业模式研究》，博士学位论文，华侨大学，2011 年。

［17］李怀祖：《管理研究方法论》，西安交通大学出版社 2004 年版。

［18］李晶：《旅游电子商务网站业务种类及盈利模式分析》，《江西科技学院学报》2008 年第 4 期。

［19］李开元：《旅游学概论》，南开大学出版社 2003 年版。

［20］李舟：《中国旅游电子商务发展模式新论》，《商业研究》2005 年第 17 期。

［21］蔺雷、吴贵生：《我国制造业服务增强差异化机制的实证研究》，《管理世界》2007 年第 6 期。

［22］林德荣、郭晓琳：《旅游电子商务研究述评》，《旅游学刊》2008 年第 12 期。

［23］刘广庆、刘宁、刘永：《我国旅游电子商务发展与对策研究》，《情报杂志》2004 年第 9 期。

［24］刘雪峰：《网络嵌入性与差异化战略及企业绩效关系研究》，博士学位论文，浙江大学，2007 年。

［25］柳铮：《企业高层领导行为与顾客价值创造关系的研究》，博士学位论文，吉林大学，2009 年。

［26］路紫、樊莉莉：《中小型旅游网站服务功能与商业模式的区位问题——以乐游户外运动俱乐部旅游网站为例》，《人文地理》2005 年第 1 期。

［27］马庆国：《管理统计》，科学出版社 2002 年版。

［28］迈点网：《2012 年度中国旅游业分析报告》，http：//res. meadin. com/Industry Report/84471_ 1. shtml，2013 年 3 月 13 日。

［29］迈克尔·波特：《竞争优势》，陈小悦译，华夏出版社 2005 年版。

［30］孟庆良、韩玉启、吴正刚：《电子商务模式下顾客价值度量模型的构建及应用》，《科技进步与对策》2006 年第 6 期。

［31］邱皓政：《结构方程模式——LISREL 的理论、技术与应用》，双叶

书廊 2005 年版。

[32] 荣泰生:《AMOS 与研究方法》,重庆大学出版社 2009 年版。

[33] 沈拓:《不一样的平台:移动互联网时代的商业模式创新》,人民邮电出版社 2012 年版。

[34] 汤晓媚、赵雪丽:《探析结构效度的验证方法》,《内蒙古农业大学学报》(社会科学版) 2010 年第 6 期。

[35] 王宝、张明立、李国峰:《顾客价值测量体系研究》,《中国软科学》2010 年第 2 期。

[36] 王高:《顾客价值与企业竞争优势——以手机行业为例》,《管理世界》2004 年第 10 期。

[37] 王琴:《基于价值网络重构的企业商业模式创新》,《中国工业经济》2011 年第 1 期。

[38] 王永贵:《顾客创新论——全球竞争环境下"价值共创"之道》,中国经济出版社 2011 年版。

[39] 王鑫鑫:《软件企业商业模式创新研究》,博士学位论文,华中科技大学,2011 年。

[40] 吴明隆:《结构方程模型——AMOS 的操作与应用》,重庆大学出版社 2009 年版。

[41] 武永红、范秀成:《基于顾客价值的企业竞争力理论的整合》,《经济科学》2005 年第 1 期。

[42] 谢彦君、鲍燕敏:《旅游网站的符号及其功能分析》,《旅游科学》2007 年第 5 期。

[43] 熊胜绪:《基于顾客价值的企业差异化战略路径探析》,《中南财经政法大学学报》2009 年第 2 期。

[44] 杨丽:《中国旅游电子商务发展中的一些问题与对策研究》,《旅游学刊》2001 年第 6 期。

[45] 袁磊:《国外商业模式理论研究评介》,《外国经济与管理》2007 年第 10 期。

[46] 曾凡琴、霍国庆:《"夹在中间悖论"研究》,《南开管理评论》2006 年第 3 期。

[47] 查金祥:《B2C 电子商务顾客价值与顾客忠诚度的关系研究》,博士学位论文,浙江大学,2006 年。

［48］张敬伟、王迎军：《商业模式与战略关系辨析——兼论商业模式研究的意义》，《外国经济与管理》2011 年第 4 期。

［49］张捷等：《中文旅游网站的空间类型及发展战略研究》，《地理科学》2004 年第 4 期。

［50］张明立：《顾客价值——21 世纪企业竞争优势的来源》，电子工业出版社 2007 年版。

［51］赵卫东、黄丽华：《电子商务模式》，复旦大学出版社 2011 年版。

［52］郑兵云：《我国制造企业竞争战略对企业绩效的影响机制研究》，博士学位论文，南京航空航天大学，2011 年。

［53］郑兵云、陈圻：《差异化对企业绩效的影响研究——基于创新的中介视角》，《科学学研究》2011 年第 9 期。

［54］周小虎、陈传明：《企业竞争战略的选择理论——对波特"夹在中间"理论的修正》，《现代管理科学》2004 年第 7 期。

［55］Acquaah, M. and Yasai – Ardekani, M., "Does the Implementation of A Combination Competitive Strategy Yield Incremental Performance Benefits? A New Perspective from A Transition Economy in Sub – Saharan Africa", *Journal of Business Research*, Vol. 61, No. 4, 2008.

［56］Akgun, A. E. et al., "New Product Development in Turbulent Environments: Impact of Improvisation and Unlearning on New Product Performance", *Journal of Engineering and Technology Management*, Vol. 24, 2007, pp. 203 – 230.

［57］Alamdari, F., "Regional Development in Airlines and Travel Agents Relationship", *Journal of Air Transport Management*, Vol. 8, No. 5, 2002.

［58］Alford, P., "E – business Models in the Travel Industry", *Travel & Tourism Analyst*, No. 3, 2000, pp. 67 – 86.

［59］Anderson, E. W. and Sullivan, M., "The Antecedents and Consequences of Customer Satisfation for Firm", *Marketing Science*, No. 12, 1993, pp. 125 – 143.

［60］Anderson, E. W., Fornell, C. and Lehmann, D. R., "Customer Satisfaction, Market Share, and Proatability: Findings from Sweden", *Journal of Marketing*, Vol. 58, No. 3, 1994.

［61］ Arawati Agus and Za' faran Hassan, "Enhancing Production Performance and Customer Performance Through Total Quality Management (TQM): Strategies For Competitive Advantage", *Procedia Social and Behavioral Sciences*, No. 24, 2011, pp. 1650 – 1662.

［62］ Babakus, E., Bienstock, C. C., Van Scotter, J. R., "Linking Perceived Quality and Customer Satisfaction to Store Traffic and Revenue Growth", *Decision Sciences*, Vol. 35, No. 4, 2004.

［63］ Baron, R. M., Keliny, D. A., "The Moderator – mediator Variable Distinction in Social Psychological Research: Conceptual, Strategic, and Statistical Considerations", *Journal of Personality & Social Psychology*, No. 51, 1986, pp. 1174 – 1182.

［64］ Bolton, Ruth N., James H. Drew, "A Multistage Model of Customers' Assessments of Service Quality and Value", *Journal of Consumer Research*, Vol. 17, No. 3, 1991.

［65］ Byrne, B. M., *Structural Equation Modeling with AMOS: Basic Concepts, Applications and Programming*, New Jersey: Lawrence Erlbaum Associates, 2005.

［66］ Campbell Hunt, "What Have We Learned About Generic Competitive Strategy? A Meta Analysis", *Strategic Management Journal*, Vol. 21, No. 2, 2000.

［67］ Chamberlin, E. H., *The Theory of Monopolistic Competition*, Cambridge: Harvard University Press, 1933.

［68］ Chiou, W. C. et al., "A Strategic Website Evaluation of Online Travel Agencies", *Tourism Management*, No. 32, 2011, pp. 1463 – 1473.

［69］ Choi, S., Lehto, X. Y. and Oleary, J. T., "What Does the Consumer Want From A DMO Website—A study of US and Canadian Tourists' Perspectives", *International Journal of Tourism Research*, No. 9, 2007, pp. 59 – 72.

［70］ Chu, R., "What Online Hong Kong Travelers Look for on Airline Travel Websites?", *Internatioal Journal of Hospitality Management*, Vol. 20, No. 1, 2001.

［71］ Churchill, G. A., "A Paradigm for Developing Better Measure of Marketing Constructs", *Journal of Marketing Research*, Vol. 16, No. 1, 1979.

[72] Churchill, G. A. and Surprenant, C. , "An Investigation into the Determinants of Customer Satisfation", *Journal of Marketing Research*, No. 19, 1982, pp. 492 – 500.

[73] Clemons, D. S. and Woodruff, R. B. , *Marketing Theory and Applications*, Chicago: American Marketing Association, 1992.

[74] Dale, C. , "The Competitive Networks of Tourism E – Mediaries: New Strategies, New Advantages", *Journal of Vacation Marketing*, Vol. 9, No. 2, 2003.

[75] Dess, G. G. , Davis, P. S. , "Porter's Generic Strategies As Determinants of Strategic Group Membership and Organizational Performance", *Academy of Management Journal*, Vol. 27, No. 9, 1984.

[76] Diamantopoulos, A. , Siguaw, J. A. , *Introducing Lisrel: A Guide for the Uninitiated.* , Thousand Oaks, CA: Sage, 2000.

[77] Douglas, B. H. , "Poststructuralist Lifestyle Analysis: Conceptualizing the Social Patterning of Consumption in Postmodernity", *Journal of Consumer Research*, Vol. 23, No. 4, 1997.

[78] Dresner, M. , Xu, K. , "Customer Service, Customer Satisfaction and Corporate Performance in the Service Sector", *Journal of Business Logistics*, Vol. 16 , No. 1, 1995.

[79] Dube, L. and Renaghan, L. M. , "Marketing Your Hotel to and Through Intermediaries", *Cornell Hotel and Restaurant Administration Quarterly*, Vol. 41, No. 1, 2000.

[80] Eggert, A. , "Customer Perceived Value: A Substitute for Satisfaction in Business Market", *The Journal of Business and Industrial Marketing*, Vol. 10, No. 12, 2002.

[81] Eonsoo Kim, Daeil Nam, J . L. Stimpert, "The Applicability of Porter's Generic Strategies in the Digital Age: Assumptions, Conjectures and Suggestions", *Journal of Management*, Vol. 30, No. 5, 2004.

[82] Flint, D. J. , Christopher P. Blocker, Philip J. Boutin Jr. , "Customer Value Anticipation, Customer Satisfation and Loyalty: An Empirical Examination ", *Industrial Marketing Management*, No. 40, 2011,

pp. 219 – 230.

[83] Flint, D. J. , "Innovation, Symbolic Interaction and Customer Valuing: Thoughts Stemming from A Service – dominant Logic of Marketing", *Marketing Theory*, Vol. 6, No. 3, 2006.

[84] Fornell, C. , "A National Customer Satisfation Barometer: The Swedish Experience", *Journal of Marketing*, No. 55, 1992, pp. 1 – 20.

[85] Franke, N. , Von Hippel, E. , "Satisfying Heterogeneous User Needs Via Innovation Toolkits: The Case of Apache Security Software", *Research Policy*, No. 32, 2003, pp. 1200 – 1210.

[86] Gardial, Sarah Fisher, Clemons, D. Scott, Woodruff, Robert B. , Schumann, David W. and Burns, Mary Jane, "Comparing Consumers' Recall of Pre – purchase and Post – purchase Product Evaluation Experiences", *Journal of Consumer Research*, Vol. 20, No. 3, 1994.

[87] Gretzel, U. and Yoo, K. H. , "What Motivates Consumers to Write Online Travel Reviews?", *Information Technology & Tourism*, No. 10, 2008, pp. 285 – 295.

[88] Gupta, S. , Zeitham, V. , "Customer Metrics and Their Impact on Financial Performance", *Marketing Science*, Vol. 25, No. 6, 2006.

[89] Hair, J. F. et al. , *Multivariate Data Analysis*. Upper Saddle River, NJ: Prentice Hall, 1998.

[90] Heskett, J. L. , Sasser Jr. , W. E. and Schlesinger, L. A. , *The Service Profit Chain.* , New York: The Free Press, 1997.

[91] Holbrook, Morris B. , "*Ethics in Consumer Research*", *Advances in Consumer Research*, Provo, UT: Association for Consumer Research, 1994.

[92] Homburg, C. , Hoyer, W. D. , Koschate, N. , "Customers' Reactions to Price Increases: Do Customer Satisfaction and Perceived Motive Fairness Matter?", *Journal of the Academy of Marketing Science*, Vol. 33, No. 1, 2005.

[93] Hult, G. T. M. , Hurley, R. F. , Knight, G. A. , "Innovativeness: Its Antecedents and Impact on Business Performance", *Ind. Mark. Manage*, Vol. 33, 2004, pp. 429 – 438.

［94］ Hunt, H. D. , Morgan, R. M. , The Comparative Advantage Theory of Competition, *Journal of Marketing*, Vol. 59, No. 2, 1995.

［95］ Iacobucci, D. , Grayson, K. A. and Ostrom, A. L. , "The Calculus of Slater, Service Quality and Customer Satisfaction: Theoretical and Empirical Differentiation and Integration", *Advances in Services Marketing and Management*, Vol. 3 1994, p. 1067.

［96］ Jaehun Joo, "An Empirical Study on the Relationship Between Customer Value and Repurchase Intention in Korean Internet Shopping Malls", *Journal of Computer Information System*, No. 3, 2007, pp. 55 – 62.

［97］ Jeppesen, L. , Frederiksen, L. , "Why Do Users Contribute to Firm – Hosted User Communities? The Case of Computer – Controlled Music Instrument", *Organization Science*, Vol. 17, No. 1, 2006.

［98］ Kaleka, A. and Berthon, P. , "Learning and Locale: The Role of Information, Memory and Enviornment Determining Export Differentiation Adavantage", *Journal of Business Research*, Vol. 59, No. 9, 2006.

［99］ Keeney, R. L. , "The Value of Internet Commerce to the Customer", *Management Science*, Vol. 45, No. 4, 1999.

［100］ Kim, K. J. et al. , "The Impact of Network Service Performance on Customer Satisfaction and Loyalty: High – speed Internet Service Case in Korea", *Expert Systems with Applications*, No. 32, 2007, pp. 822 – 831.

［101］ Kim, E. J. , Nam, D. , Stimpert, J. , "Testing The Applicability Of Porter's Generic Strategies In The Digital Age: A Study of Korean Cyber Malls", *Journal Bussiness Strategy*, No. 21, 2004, pp. 20 – 44.

［102］ Kim, D. J. et al. , "A Perceptual Mapping of Onling Travel Agencies and Preference Attributes", *Tourism Management*, No. 28, 2007, pp. 291 – 603.

［103］ Kotha, S. and Vadlamani, B. , "Assessing Generic Strategies: An Empirical Investigation of Two Competing Typologies in Discrete Manufacturing Industries", *Strategic Management Journal*, Vol. 16, No. 1, 1995.

［104］ Lam, S. Y. et al. , "Customer Value, Satisfaction, Loyalty, and

Switching Costs: An Illustration from A Business – to – Business Service Context", *Journal of the Academy of Marketing Science*, Vol. 32, No. 3, 2004.

[105] Lee, Jae – Nam et al. , "The Contribution of Commitment Value in Internet Commerce: An Empirical Investigation", *Journal of the Association for Information Systems*, Vol. 4, No. 1, 2003.

[106] Lehikoinen, J. , *Interacting with Wearable Computers: Techniques and Their Application in Way Finding Using Digital Maps*, University of Tampere, Department of Computer and Information Sciences, 2002.

[107] Li, C. B. , Li, J. J. , "Achieving Superior Financial Performance in China: Differentiation, Cost Leadership, or Both?", *Journal of International Marketing*, Vol. 16, No. 3, 2008.

[108] Li, T. and Calantone, R. J. , "The Impact of Market Knowledge Competence on New Product Advantage: Conceptualization and Empirical Examination", *Journal of Marketing*, Vol. 62, No. 4, 1998.

[109] Makadok, R. , Ross, D. G. , *The Strategic Logic of Product Differentiation*, Atlanta Competitive Advantage Conference Paper, 2009.

[110] Mavondo, F. T. , Chimhanzi, G. and Stewart, J. , "Learning Orientation and Market Orientation: Relationship with Innovation , Human Resource Practices and Performance", *European Journal of Marketing*, Vol. 39, No. 11, 2005.

[111] Michael Morris, Minet Schindehutte, Jeffrey Allen, "The entrepreneur's business model: Toward a unified perspective", *Journal of Business Research*, Vol. 58, No. 1, 2003.

[112] Michael Rappa, Managing the digital enterprise – business models on the web, http://digitalenterprise.org/models/models.ht ml, 2011 – 2 – 20.

[113] Miller, D. , Friesen, P. H. , "Porter's Generic Strategies and Performance: An Empirical Examination With America Data", *Organization Studies*, Vol. 7, No. 1, 1986.

[114] Miller, D. , "Configurations of Strategy and Structure: Towards A Synthesis", *Strategic Management Journal*, Vol. 7, No. 3, 1986.

[115] Mintzberg, H. , "Patterns in Strategy Formation", *Management Science*, *Vol. 24*, *No. 9*, *1978*.

[116] Mintzberg, H. , "Generic Strategies: Toward A Comprehensive Framework", *Advances in Strategic Management*, No. 5, 1988, pp. 1 – 15.

[117] Morrison, A. J. and King, B. E. M. , "Small Tourism Businesses and E – Commerce: Victorian Tourism Online", *Tourism and Hospitality Research*, Vol. 4, No. 2, 2002.

[118] Moustaki, I. , Joreskog, K. G. , Mavridis, D. , "Factor Models for Ordinal Variables: A Comparison of LISREL and IRT Approaches", *Structural Equation Modeling*, Vol. 11, No. 4, 2004.

[119] Nasution, H. N. , F. T. Mavondo, "Customer Value in the Hotel Industry: What Managers Believe They Deliver and What Customers Experience", *International Journal of Hospitality Management*, No. 27, 2008, pp. 204 – 213.

[120] Naumann Earl, *Creating Customer Value: The Path to Sustainable Competitive Advantage*, Cincinnati OH: Thomson Executive Press, 1995.

[121] Nayyar, P. R. , "On the Measurement of Competitive Strategy: Evidence from A Large Multiproduct U. S. Firm", *Academy of Management Journal*, Vol. 36, No. 6, 1993.

[122] Porter, M. E. , "Strategy and the Internet", *Harvard Business Review*, Vol. 79, No. 3, 2001.

[123] Q. Ye et al. , "The Influence of User – generated Content on Traveler Behavior: An Empirical Investigation on the Effects of E – word – of – mouth to Hotel Online Bookings", *Computers in Human Behavior*, No. 27, 2011.

[124] Ricart, J. E. , "From Strategy to Business Models and Onto tactics", *Long Range Planning*, Vol. 43, No. 2, 2010.

[125] Richheld, F. F. , *The Loyalty Effect: The Hidden Force Behind Growth, Profit and Lasting Value*, Boston, M. A: Harvard Business School Press, 1996.

[126] Rust, R. , Zahorik, A. , "Customer Satisfaction, Customer Retention, and Market Share", *Journal of Retailing*, No. 69, 1993, pp.

145 – 155.

[127] Santos – Vijande, M. L. et al., "How Organizational Learning Affects Afferm's Flexibility, Competitive Strategy, and Performance", *Journal of Business Research*, Vol. 65, 2012, pp. 1079 – 1089.

[128] Scharitzer, D., Kollarits, H. C., "Satisfied Customer, Profitable Customer Relationships, Pharmaceutical Marketing: How Pharmaceutical Sales Representatives can Achieve Economic Success Through Relationship Management with Settled Physicians – An Empirical Study", *Total Quality Management*, No. 11, 2000, p. 7.

[129] Sheth, J. N., Newman, B. I. and Gross, B. L., "Why We Buy What We Buy: A Theory of Consumption Values", *Journal of Business Research*, Vol. 22, No. 1, 1991.

[130] Siau, K., Lim, E. P., Shen, Z., "Mobile Commerce: promises challenges, and research agenda", *Journal of Database Management*, No. 12, 2001, pp. 5 – 10.

[131] Sierra Mcauley de la, *Managing Global Alliance Key Step for Success full Collaboration*. Eg – land: Addison – Wesley, 1995.

[132] Slater, S. F. and Narver, J. C., "Intelligence Generation and Superior Customer Value", *Journal of the Academy of Marketing Science*, Vol. 28, No. 1, 2000.

[133] Slater, Narver, "Market Orientation, Customer Value and Superior Performance", *Business Horizons*, Vol. 37, No. 2, 1994.

[134] Spiteri, J. M. and Dion, P. A., "Customer Value, Overall Satisfaction, End – user Loyalty, And Market Performance in Detail Intensive Industries", *Industrial Marketing Management*, No. 33, 2004, pp. 675 – 687.

[135] Steven, A. B. et al., "Linkages Between Customer Service, Customer Satisfaction and Performance in the Airline Industry: Investigation of Non – linearities and Moderating Effects", *Transportation Research Part E*, Vol. 48, 2012, pp. 743 – 754.

[136] Stevenson, Jim, "*An Indifference Toward Value*", *The Meaning, Measuring, and Marketing of Value*, Progressive Grocer – Executive

Report, 1984, pp. 22 – 23.

[137] Sweeney C. Jillian and Soutar N. Geoffrey, "Consumer Perceived Value: The Development to A Multiple Item Scale", *Joumal of Retailing*, Vol. 77, No. 2, 2001.

[138] Tang, J., Wang, L., "Flexibility – Efficiency Tradeoff and Performance Implications Among Chinese SOEs", *Journal of Business Research*, Vol. 63, No. 4, 2010.

[139] Teece, D., "Business Models, Business Strategy and Innovation", *Long Range Planning*, Vol. 43, No. 2, 2010.

[140] Tsai, H. T., Leo Huang, C. G. Lin, "Emerging E – commerce Development Model for Taiwanese Travel", *Tourism Management*, No. 26, 2005, pp. 787 – 796.

[141] Ulaga, W. and Chacour, S., "Measuring Customer Perceived Value in Business Markets", *Industrial Marketing Management*, No. 30, 2001, pp. 525 – 540.

[142] Yee, R. W. Y., Yeung, A. C. L., Cheng, E., "An Empirical Study of Employee Loyalty, Service Quality and Firm Performance in the Service Industry", *International Journal of Production Economics*, Vol. 124, 2010, pp. 109 – 120.

[143] Zeithaml, Valarie A., "Consumer Perceptions of Price, Quality and Value: A Means – end Model And Synthesis of Evidence", *Journal of Marketing*, Vol. 52, No. 7, 1988.

[144] Zhou, Q. and DeSantis, R., "Usability Issues in City Tourism Website Design: A Content Analysis", In Proceedings of 2005 IEEE International Professional Communication Conference. http: //ieeexplore. ieee. org/xpl/freeabsall. jsp? arnumber? 1494253.

后 记

在线旅游属于新兴行业，但发展迅速且空间巨大。笔者在攻读博士学位期间及日常教学工作中，倾注了大量时间关注我国在线旅游业的发展问题，并发表了若干与之相关的学术论文。在此之后，笔者发现关于我国在线旅游业竞争战略方面的问题越来越突出，而现实中又缺乏相应的成果指导，于是在前期研究成果基础上，有了著书立说的想法，目的是为我国在线旅游企业的健康发展提供理论支持和实践指导，这是本书诞生的初衷。

掩卷而思，本书虽已完成，但仍诚惶诚恐。一份研究成果应该对其研究领域有显著的帮助，笔者虽满腹热情，但因知识水平有限、写作方法等方面原因，本书疏漏之处在所难免，本书是否能达到研究初衷之设想还有待广大读者去检验。

本书完成之际，回首写作过程中的点点滴滴，心中充满感慨。首先，要感谢中南财经政法大学熊胜绪教授，熊教授对本书从写作视角、写作方法等方面均给予了最大的支持。感谢我在中南民族大学管理学院旅游管理系的同事们，他们主动为我分担了很多工作，让我能够有足够充裕的时间进行写作；他们在我写作期间，从研究内容到研究方法都给了我很多指导和帮助，在此，一并感谢。感谢我的先生，是他的鼓励让我有足够勇气开展研究，他对家庭的付出让我在写作之余没有任何后顾之忧。感谢我的父亲母亲帮我照顾年幼的女儿，父母的体谅和关爱让我在生活上没有任何牵绊，可以专心进行写作。最后，感谢我尚年幼的女儿，为了工作亏欠她太多，而她的聪明可爱和时不时地语出惊人是我写作之余的调剂品，女儿是我前进的最大动力。

李东娟

2014 年 11 月 16 日于武汉